KB022648

잔소리 대신

# 책으로 토닥토닥

Humanist

# 머리말

어느 날, 외계인처럼 말도 행동도 이해할 수 없는 아이가 우리 집에 불쑥 찾아온다. 십여 년 동안 키운 내 아이를 전혀 낯선 아이로 다시 만나는 사춘기, 몸도 마음도 격변의 시기를 겪게 되는 사춘기는 아이에게도 부모에게도 참 힘들고 혼란스러운 때다. 아이의 방황과 부모의 한숨, 계속되는 갈등 속에 부모와 자식 사이는 외계인과 지구인처럼 멀어지기 쉽다.

이처럼 소통의 벽이 생기는 사춘기 아이와 부모가 마음을 여는 열쇠를 '책'에서 찾아보았다. 아이와 함께 책으로 따뜻하게 소통하고 성장해 나간다면 힘든 사춘기도 슬기롭게 건널 수 있으리라는 믿음에서 이 책은 출발한다.

우리는 '책으로따뜻한세상만드는교사들(책따세)'에서 활동하고 있는 전·현직 국어 교사이자 사춘기 남매를 키우는 엄마로 함께 고민을 나누면서, 사춘기 아이들과 책으로 소통하는 데 길라잡이가 될 책이 있으면 좋겠다는 생각을 했다. 유아, 초등 시기의 부모용 독서교육 책은 있지만, 정작 책하고 멀어지는 청소년 시기에 부모들이 활용할 수 있는 독서교육 책은 찾기 어려웠기에 직접 써보기로 의기투합한 것이다.

생활 속 와닿는 이야기로 재미있게 공감하면서 읽을 수 있는 책, 쉽고 다양한 실천 방법을 통해 우리 집에서도 한번 해볼 수 있겠다는 자신감을 얻는 책이 되도록 어렵고 딱딱한 이론이 아닌 사춘기 육아의 생생한 경험을 바탕으로 써나갔다. 이렇게 세상에 나오게 된 책인 만큼 사춘기라는 산을 힘겹게 오르고 있는 가족들에게 한 모금의 시원한 샘물 같은 책이 되면 좋겠다.

사춘기 자녀를 둔 부모의 마음가짐부터 가정에서 책과 친해지는 법, 다양한 책 여행 정보, 내 아이에게 맞는 책 고르는 법, 진로 독서 코칭까지 한 권으로 끝낼 수 있도록 독서교육의 내공을 총동원하여 알차게 구성했기에 더 활용도가 높은 책이 되리라 생각한다. 맨 마지막 장에는 사춘기의 여러 고민을 해결하는 데 도움이 될 책 목록을 실어서 필요한 책을 한눈에 찾아 읽어볼 수 있게 했다. 때로는 백 마디 잔소리나 조언보다 책 속의 한 줄이 더 큰 위로와 지혜를 줄 수 있을 것이다.

하지만 이 책을 읽으면서 너무 큰 욕심은 내지 않으면 좋겠다. 우리 집에선 책에서 말한 것처럼 잘 되질 않는다고 속상해하고 조바심을 낼 필요도 없다. 집집마다 상황도 다르고 또 사춘기 부모 노릇도 처음이니 서툴고 어려운 게 당연하다. 부모로서 불안감을 내려놓고 마음의 여유를 가지게 되었다면, 아이들과 책 한 권이라도 같이 읽고 대화를 나누었다면, 가까운 서점이나 도서관으로 나들이를 한번 해보았다면, 아이의 진로를 함께 고민해볼 수 있었다면……. 이렇게 한 가지라도 실천해보고, 우리 가족에게 맞는 방법을 새롭게 찾아보았다면 이미 훌륭한 부모, 멋진 가족이라고 생각한다. 이러한 작은 변화가 모여 더 좋은 관계를 만들고, 아이도 부모도 더 성장해나갈 수 있을 것이다.

청소년들과 함께 걸어갈 길을 찾는 어른들, 책 읽는 가정 분위기를 만들고 싶은 부모들, 고민하는 학생들에게 책으로 도움을 주고 싶은 교사들에게 이 책이 작은 용기와 힘을 줄 수 있기를 바란다.

류한경 · 홍선영

차례

머리말 5

## 하나 사춘기, 부모 마음 준비하기

불안감 내려놓기 13
나부터 행복해지기 18
질풍노도 사춘기 이해하기 23
따뜻한 라포 만들기 29
함께 자립하기 33

## 둘 책으로 토닥토닥하는 집 만들기

책 읽기를 위한 세 가지 다이어트 41
책으로 소통의 문 열기 47
책장의 변신, 책 큐레이션 58

## 셋 책 여행 떠나기

책 따라 길 따라, 문학 기행 73
개성 톡톡, 동네 서점 96
색다른 즐거움, 도서관 나들이 106
책과 함께하는 밤, 북 스테이 114

## 넷 우리 아이에게 맞는 책 고르기

성격을 알면 책이 보인다 – MBTI로 알게 된 우리 아이 127
나를 찾으면 책이 보인다 – 자기 분석으로 알게 된 우리 아이 135
꿈을 찾으면 책이 보인다 – 진로 탐색 활동으로 알게 된 우리 아이 143

## 다섯 책으로 마음다리 놓기

성장소설로 서로 공감하기 153
지식소설로 세상 이해하기 159
신문 읽기로 세상과 소통하기 163
진로 독서로 스스로 성장하기 167

## 여섯 토닥토닥 책 상담실

과거를 돌아보자 – 엄마, 아빠는 이런 걱정이 있어요 183
현재를 생각하자 – 아이는 이런 고민을 해요 191
미래를 바라보자 – 꿈을 이루고 싶어요 209

하나

# 사춘기, 부모 마음 준비하기

"말 꺼내기도 겁나요. 버럭 화내고 짜증내고……."

"이게 말로만 듣던 사춘기인가요? 정말 너무 힘드네요."

사춘기 아이를 둔 부모들이 모이면 다들 한숨부터 짓는다. '말로만 듣던 사춘기 그분이 오셨나 보다' 하면서 참고 또 참아보지만, 부모도 인간인지라 청심환 먹고 드러눕는다는 엄마도 있고, 사춘기 아이를 키우려면 도 닦는 마음이 되어야 한다는 걸 온몸으로 느끼게 된다.

네가 이기나 내가 이기나 해보자는 마음으로 부모와 아이가 맞서다 보면 수습은커녕 서로 상처만 남고, 훈육한다고 아이를 강압적으로 밀어붙였다가는 오히려 더 엇나가기도 한다. 까칠한 사춘기 아이에게 다가가기란 말처럼 쉽지 않다. 용돈 줄 때나 맛있는 거 해줄 때는 조금 웃는 듯하다가, 다시 찬바람이 쌩쌩!

책 읽기든 무엇이든 부모와 아이가 함께하기 위해 먼저 필요한 것은 부모와 자녀의 따뜻한 관계이다. 부모와 아이가 늘 티격태격하는 상황에서 같이 무얼 해보자는 말이 통할까? 이 책에서 말하고자 하는 '책으로 소통하기'를 꿈꾸기 전에, 서로 좋은 관계를 만들고 부모의 마음 준비를 먼저 하자고 하는 이유가 여기에 있다. 부모의 마음가짐이 달라지면 아이를 바라보는 눈이 달라지고, 더 많은 것을 함께할 수 있는 관계가 될 수 있으니까 말이다. 그럼, 사춘기 아이를 둔 부모가 어떤 마음 준비를 하면 좋을지 알아보자.

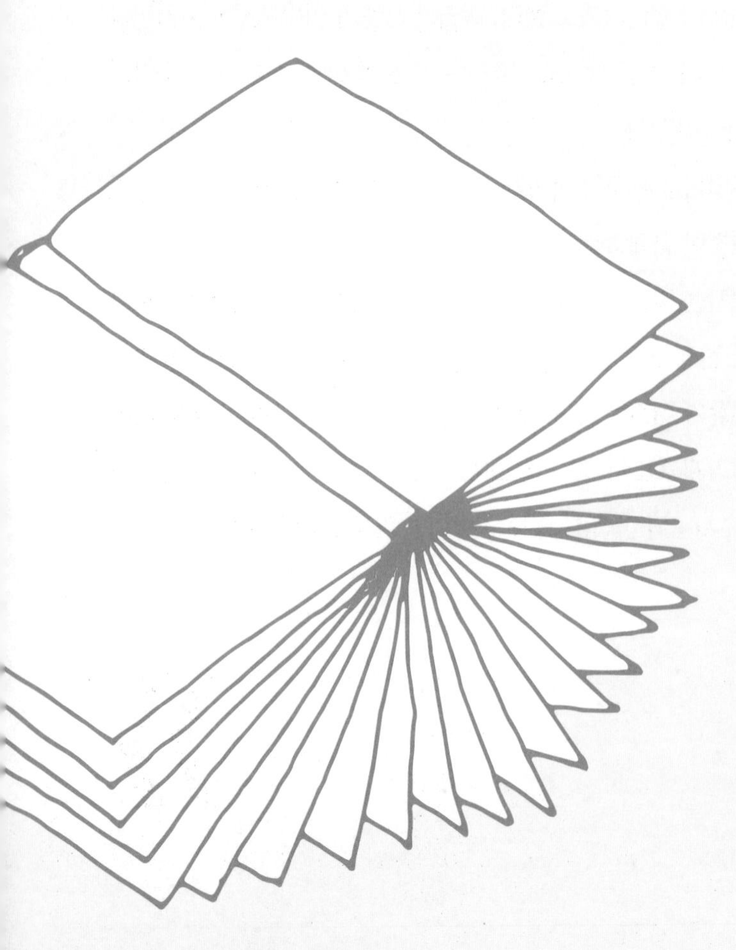

1

# 불안감 내려놓기

첫째인 딸이 중학교에 들어갈 때 '중학교부터 입시 시작이라는데 선행 학습 하나도 안 하고 괜찮을까? 너무 뒤처지면 어쩌지?' 하면서 초등학교 입학 때와는 비교할 수 없을 정도로 불안과 걱정이 밀려왔다.

수능 점수 통계를 보면, 성적이 상위 10% 안에는 들어야 서울에 있는 대학에 갈 수 있다고 한다. 지역마다 학교마다 수준이 다르긴 하지만, 한 반이 30명이라고 할 경우 평균으로 치면 3등 안에는 들어야 소위 '인(In) 서울'이 가능하다는 것이다.

이런 이야기를 들으면 막 조바심이 나고, 서울에 있는 대학에 가느냐 못 가느냐가 목표가 되면 불안은 계속된다. 불안이 점점 더해지면 결국 아이를 다그치게 되고, 부모와 아이의 관계는 껄끄러워질 수밖에 없다. 그렇게 되면 우리가 해보려는 '책으로 소통하는 부모 자식의 관계'도 그림의 떡이 되고 만다.

이런 끝없는 불안감 내려놓기가 사춘기 아이를 둔 부모가 풀어야 할 첫 번째 숙제가 아닐까 싶다. 사실 가장 어려운 숙제이기도 하지만, 지나친 불안은 부모는 물론이고 아이에게도 도움이 되지 않는다. 불안은 바로 앞에 닥친 시험과 성적만 보게 하고 아이가 살아갈 인생의 큰 그림을 그리지 못하게 하기 때문이다.

요즘 AI(인공지능)가 인간을 대체하는 시대가 온다는 4차 산업혁명 이야기가 많이 들린다. 우리 아이들이 살아갈 시대는 '명문대=좋은 직장'이라는 기존의 성공 공식은 사라지고 창의성과 협동 능력이 더 중요해진다고 한다. 기업에서도 이력서에 아예 출신 대학교를 적지 않고, 학벌 대신 실력만 평가하는 블라인드 채용이 늘고 있다. 이처럼 다가올 미래를 생각한다면, 아이가 변화하는 시대를 잘 살아갈 수 있는 능력을 기를 수 있도록 더 멀리 보고 도와주는 마음을 가져야 할 때다.

아무리 내려놓고 싶어도 껌처럼 딱 붙어서 떨어지지 않는 불안감을 줄이려면 어떻게 해야 할까?

## » 아이를 믿는 경험 해보기

아이들의 스케줄을 다 짜주고 일거수일투족 다 챙겨주는 매니저맘, 헬리콥터맘처럼 아이들은 혼자서는 잘 못하니 부모가 다 해주어야 한다고 생각하곤 한다. 하지만 아이들은 부모가 생각하는 것보다 스스로도 잘 살아갈 수 있는 능력이 있다.

사춘기를 심하게 앓던 아들이 중1 겨울방학 때 혼자만의 시간을 가져보기 위해 부산으로 여행을 간 적이 있었다. 아들은 집에 연락도 잘 하질 않아 내내 걱정을 하고 있었는데, 어느 날 밤 문자가 왔다. 아들이 저녁 때 먹었다는 돼지국밥 사진이었다. 그 사진에 걱정은 다 녹아내렸다. 아들은 스마트폰이 없어서 길 찾기도 쉽지 않았을 텐데, 초행길에 숙소도 잘 찾아다녔다. 그 후론 아들이 어딜 가든 잘 먹고 잘 지낼 거라는 믿음이 생겼다. 그런 믿음이 생기니까 아들을 바라보는 마음이 좀 편안해지고, 상상도 못 해본 점수의 성적표를 가져와도 많이 불안하진 않았다. 그런 마음의 변화가 나도 참 신기했다.

믿음은 불안을 사라지게 하는 아주 강력한 힘이 있다. 그러니 뭐든지 아이에게 스스로 부딪쳐볼 기회를 좀 더 많이 주는 게 어떨까. 부모가 믿는 만큼 아이는 자랄 수 있으니까 말이다.

### » 성적보다는 성장 칭찬하기

고등학교에 가면 1등급에서 9등급까지 성적이 등급으로 나뉜다. 상위 4% 안에 들면 1등급, 10% 안에 들면 2등급, 그리고 최하위는 9등급. 이렇게 남과의 경쟁에서 얼마나 앞서느냐에 따라 서열이 매겨진다. 이런 경쟁 구도에선 2등급은 1등급이 못 되어 좌절, 3등급은 2등급이 못 되어 좌절, 이런 식으로 결국 1등급 말고는 다 좌절을 하게 된다.

숨마 쿰 라우데(Summa cum laude): 최우등

마그나 쿰 라우데(Magna cum laude): 우수

쿰 라우데(Cum laude): 우등

등급으로 매기는 성적표와는 달리 유럽 대학의 졸업장에는 앞의 세 가지 가운데 하나가 표시된다고 한다. 남과 비교해서 서열을 매기기보다는 내가 얼마나 노력했는지를 긍정적으로 평가해주니, 경쟁보다는 나의 성장을 더 눈여겨보게 될 듯하다.

이처럼 '남보다 앞선 나'보다 '어제보다 나은 나'의 기준으로 아이들을 바라보려고 애쓰면 좋겠다. 언젠가 중학생 아들이 영어 시험공부를 하면서 'bridge'를 d를 빼고 쓰기에 사전을 보면서 철자를 다시 가르쳐주었다. 다음 날 'bridge'를 제대로 쓰는 아이를 보면서 나는 진심으로 칭찬을 해주었다. 당장은 점수가 좋지 않아도 경쟁이 아닌 성장의 기준으로 보면, 노력해서 어제보다 더 나아졌다면 그것만으로도 기쁜 마음으로 칭찬해줄 수 있다는 걸 그때 느꼈다. 남과 비교해서 열등감을 가지기보다 성장해나가는 모습을 응원해준다면 아이의 자존감도 쑥쑥 올라갈 것이다.

### » 마음을 나눌 수 있는 사람들 만나기

내 아이와 엄친아를 자꾸 비교하게 하고 이야기를 나눌수록 마음이 불안해지는 옆집 엄마보다는, 같은 뜻을 가진 사람들을 만나는 것도 아이를 소신 있게 키우는 데 든든한 힘이 된다.

이웃 사람들과 《빨간 머리 앤》을 원서로 읽는 모임을 했었는데, '누구 엄마'로 불리는 대신 이 모임에선 앤이나 다이애나처럼 《빨간 머리 앤》에 나오는 인물들의 이름을 골라서 서로를 불렀다. 그리고 아이들 성적이나 학원 정보 대신 책 이야기를 함께 나누다 보면 늘 걱정 많은 현실

속 엄마가 아닌 꿈꾸는 소녀가 되는 것 같아 모일 때마다 새로운 에너지를 얻곤 했다.

아이가 다니는 학교에서 하는 학부모 독서모임도 좋고, 같은 취미를 공유하는 동호회나 새로운 걸 배우는 모임, 교육관이 비슷한 이웃이나 친구를 만나는 것도 좋다. 여건상 직접 모임에 참여하기 어렵다면 온라인 카페나 SNS 커뮤니티도 괜찮다.

### 실천 다이어리

- 아이를 믿어주었던 경험을 적어보세요.
- 일주일 동안 아이의 작은 성장을 칭찬해주고 기록해보세요.
- 아이에 대해 불안하고 조바심이 들 때 나에게 해주고 싶은 말을 써보세요.

### 불안한 마음을 줄이는 데 도움이 되는 책

《대한민국 엄마 구하기》(박재원 지음, 김영사)

《엄마의 빈틈이 아이를 키운다》(하지현 지음, 푸른숲)

《부모가 바뀌면 자식이 산다》(유순하 지음, 문이당)

《다시 아이를 키운다면》(박혜란 지음, 나무를 심는 사람들)

《하고 싶은 일 해, 굶지 않아》(윤태호 외 지음, 시사IN북)

2

# 나부터 행복해지기

"그 집 애는 ○○대학교 갔다며? 너무 부럽다!"

"어떻게 키웠길래 그렇게 공부를 잘해요?"

자식이 대학 갈 때, 취직할 때, 그리고 결혼할 때, 부모는 이렇게 인생 성적표를 세 번 받는다고 한다. 특히 공부 잘하는 아이를 둔 부모는 아이를 잘 키운 능력 있는 부모가 된다. 자식이 잘되면 좋은 일이긴 하지만, 자식은 자식이고 부모는 부모인데 왜 자식의 일이 부모의 성적표가 되어야 할까?

아이를 키우면서 아이들이 모든 것의 중심이 되다 보니 부모의 인생은 자꾸만 묻혀버리고 만다. 내 인생에서도 아이들이 너무 많은 부분을 차지하고 있는 것 같다는 생각을 자주 한다. 그래서 나를 위해서 3분의 1, 가족과 아이들을 위해서 3분의 1, 그리고 내가 살고 있는 사회에 보탬이 되도록 하는 데 3분의 1을 쓰자는 삶의 분배 기준을 세워보았다. 문제는 이 세 가지의 균형을 맞추기가 쉽지 않다는 것! 나를 위해서나 사회를 위한 3분의 1은 오히려 한참 모자라기 쉬운데, 가족과 아이들을 위한 3분의 1은 그 이상으로 훌쩍 넘어가는 경우가 많아서 수시로 브레이크를 걸어주어야 한다.

아이가 행복해지게 도와주려면 부모가 먼저 자신의 인생을 찾고 행복해져야 한다. 일뿐만 아니라 봉사 활동이나 취미 생활을 하는 것도 좋고, 오랫동안 품고 있던 꿈을 이루어보는 것도 좋다. 나에게 집중하는 시간이 늘어날수록 아이에게 집착하는 시간이 점점 줄어드는 것도 좋은 점 중의 하나!

언젠가 인터넷에서 이런 글을 본 적이 있다.

**청소년의 기도**

엄마가 나 없을 때 내 방에 들어오지 않게 해주세요.

엄마가 나 몰래 내 핸드폰 열어 보지 않게 해주세요.

엄마가 친구들에게 나에 대해 이것저것 묻지 않게 해주세요.

엄마가 시험공부 기간에 내 방에서 뜨개질하지 않게 해주세요.

엄마가 밤늦은 시간에 나 먹을 간식 만들지 않게 해주세요.

엄마가 내 공부 들먹이며 아빠가 TV 보는 거 말리지 않게 해주세요.

엄마가 내가 돌아올 시간이라며 동창 모임에서 일어나지 않게 해주세요.

엄마가 가족 휴가 잡을 때 내 보충수업 시간부터 챙기지 않게 해주세요.

엄마가 나한테 너 하나 보고 산다는 말 하지 않게 해주세요.

무엇보다 엄마가 나를 위해 기도하지 않게 해주세요.

이 글을 읽으면서 뜨끔하기도 하고, 아이들이 정말로 이렇게 생각하나 싶어 섭섭하기도 했다.

"너 하나 보고 산다."라고 하면서 아이를 위해 희생하며 살고, 모든 것을 쏟아부어서 아이를 대학교에 보낸 뒤 갑자기 삶이 허무하다고 상담실을 찾는 부모도 많다고 한다. 《부모 혁명 스크림프리》라는 책을 쓴 핼 에드워드 렁켈은 "아이에게 가장 필요한 부모는 아이를 필요로 하지 않는 부모"라고 했다. 아이를 통해 욕망을 충족시키는 부모가 아닌, 스스로 인생의 가치를 찾아가는 부모가 아이에게도 좋은 부모가 될 수 있다는 뜻이다.

아이들에게 가장 큰 영향을 줄 수 있는 부모는 돈 많은 부모도 아니고, 자식에게 모든 것을 희생하는 부모도 아니고, 바로 '존경받는 부모'라고 한다. 존경받는 부모가 된다는 건 사회적으로 인정받는 위치에 있다거나 큰 업적을 쌓아야 가능한 일은 아니다.

어느 집 어머니에 대한 이야기를 들은 적이 있다. 그 집 어머니는 자신이 좋아하는 글도 틈틈이 쓰고, 어려운 환경에 처해 있는 아이들 공부를 도와주는 봉사 활동도 꾸준히 했다고 한다. 겉보기에는 평범한 어머니였지만, 그런 어머니를 보면서 자녀들은 존경하는 마음을 가졌고, 자신의 길도 씩씩하게 찾아갈 수 있었다고 한다. 이렇게 부모가 열심히, 행복하게 사는 모습을 보여주는 것만으로도 아이들에게 존경받는 부모가 될 수 있다.

남에게 보여주기 위한 행복이나 남의 기준에 맞춘 행복이 아니라 나만의 행복 기준을 찾아보면 어떨까. 좋은 성적 받아 좋은 대학 가고 안정된 직장에 취직하는 게 공통의 행복 기준처럼 되어버렸지만, 사람마다 기준이 다 똑같을 수는 없다. '행복은 성적순'이 아니지 않은가.

주변을 돌아보면 남들이 성공했다고 생각하는 기준 대신 자신이 좋아하는 일을 찾아 행복하게 살아가는 사람들이 얼마든지 있다. 외국 유학까지 다녀온 공학박사지만 제주도에서 귤 농사를 지으며 좋아하는 음악을 하는 가수 루시드 폴처럼 사는 삶도 있고, 영화배우 정우성 씨나 게임회사 넷마블 창업자 방준혁 씨, 그리고 미국의 영화감독 쿠엔틴 타란티노처럼 고등학교 중퇴의 학력이지만 좋아하는 일을 하면서 널리 인정받고 있는 사람도 많다. 더 이상 좋은 학벌이나 직장이 행복한 삶의 필수조건은 아니다.

연세대 사회발전연구소에서 염유식 교수팀이 발표한 '2016 제8차 어린이·청소년 행복지수 국제비교 연구'● 보고서에 따르면, 한국의 어린이·청소년이 느끼는 주관적 행복지수●는 82점으로 OECD 회원국 22개국 가운데 가장 낮다고 한다.

남들이 다 좋다는 그런 기준 말고 현재의 내 존재 자체로도 오롯이 행복한 경험들을 하나씩 해보자. 그렇게 나부터 행복해질 수 있다면 다른 이들에게도, 아이들에게도 행복 바이러스를 아낌없이 나누어줄 수 있지 않을까.

---

● 제주도를 제외한 전국 초·중·고생 7908명(초등학생 4학년 이상 2359명, 중학생 2538명, 고등학생 3011명)을 대상으로 주관적 건강 상태, 학교생활 만족도, 개인 행복감 등으로 행복지수를 조사하여 OECD 회원국 어린이·청소년과 비교한 연구이다.

● '주관적 행복지수'는 스스로 생각하는 행복의 정도를 OECD 평균(100점)과 비교하여 점수화한 것이다.

### 실천 다이어리

- 오늘 하루, 나 자신을 위해 한 일을 써보세요.
- 내 인생을 3분의 1씩 나눈다면 어떻게 쓰고 싶은지 적어보세요.
- 우리 아이는 언제 가장 행복해하나요? 아이의 어린 시절부터 떠올리며 생각해보세요.

### 부모의 행복을 찾는 데 도움이 되는 책

《행복의 기원》 (서은국 지음, 21세기북스)

《우리도 행복할 수 있을까?》 (오연호 지음, 오마이북)

《엄마의 자존감》 (메그 미커 지음, 김아영 옮김, 알에이치코리아)

《아이를 낳아도 행복한 프랑스 육아》 (안니카 외레스 지음, 남기철 옮김, 북폴리오)

《엄마의 마흔 번째 생일》 (최나미 지음, 사계절)

《꾸뻬 씨의 행복 여행》 (프랑수아 를로르 지음, 오유란 옮김, 오래된미래)

3

# 질풍노도 사춘기 이해하기

차라리 내가 사라지면 마음이 편할까
모두가 날 바라보는 시선이 너무나 두려워
아름답게 아름답던 그 시절을 난 아파서
사랑받을 수 없었던 내가 너무나 싫어서
엄마는 아빠는 다 나만 바라보는데
내 마음은 그런 게 아닌데 자꾸만 멀어만 가

- '볼 빨간 사춘기'의 〈나의 사춘기에게〉 중에서

이 노래를 들으면서 '그렇구나, 사춘기의 마음은 이럴 수 있겠구나.' 하면서 콧등이 시큰시큰했다. 그러면서 '사춘기' 공부를 하기 시작했다. 아이의 눈높이에서 사춘기를 바라보면서, 감정적으로만 받아들이지 말고 이성적으로 다가가야겠다 싶었기 때문이다.

사춘기의 뇌와 심리 상태 등을 알면 알수록 '그래서 그런 거였구나!'

하면서 이해가 되기 시작했다. 아이가 버릇이 없어서, 성격이 나빠서, 부모를 미워해서 그런 행동을 하는 것이라고 오해했던 건 사춘기 아이의 성장 과정을 잘 몰랐기 때문이었다. 이제 우리 아이를 이해하기 위해 사춘기의 뇌를 같이 한번 들여다보자.

### » 사춘기의 뇌는 대폭발 중

사춘기가 되면 일단 눈에 띄게 키도 커지고 몸도 점점 어른이 되어간다. 그럴수록 '으이그, 덩치는 어른만 한데 하는 짓은 왜 저러나…….' 한숨이 나온다. 그런데 아이의 뇌 속을 들여다보면 왜 그런지 조금은 이해가 된다. 사고력과 인성, 감정 조절력, 공감 능력을 담당하는 뇌의 전두엽 부분은 사춘기가 되면 폭발적으로 성장을 하는데, 몸이 성장하는 만큼 성장하지는 못한다고 한다. 전두엽이 아직 완전히 성숙하지 못해 이성적인 판단도 미숙하고, 감정 조절력도 떨어질 수밖에 없는 것이다.

또 뇌의 가장자리 계통은 감정 표현을 담당하는데, 사춘기에 이 부분이 엄청 예민해진다고 한다. 아이가 걸핏하면 화를 내고 짜증을 많이 내는 이유도 이렇게 예민해진 뇌 때문인 것이다.

그리고 뇌에선 행복 호르몬인 세로토닌이 분비되는데, 사춘기에는 세로토닌이 적게 만들어진다고 한다. 이에 반해 충동적이고 자극적인 일들을 하게 하는 호르몬인 도파민은 사춘기에 더 활발해진다. 이런 이유로 사춘기에는 어른이 보기엔 너무나 위험한 일을 서슴없이 하고 일탈도 하게 되는 것이다. 전두엽, 세로토닌, 도파민…… 이런 어려운 용어는 몰라도 딱 한 가지만 기억하자. 지금 사춘기 아이의 뇌는 새로운 우주를 만들기 위한 빅뱅처럼 대폭발 중이라는 것! 이처럼 혼란한 시기를 슬기롭게 넘길 수 있도록 믿고 기다려주는 시간이 필요하다.

### » 사춘기의 잠은 성장의 시간

어느 토요일 오전, 다른 가족들은 다 외출하고 중2 아들만 집에서 자고 있었다. 토요일 오후마다 친구들이랑 농구를 하러 가는데, 농구하러 오지 않았다는 연락을 받고 아이에게 전화를 했다. 그러나 아무리 전화를 해도 받질 않았다. '무슨 일이 있는 거야, 틀림없이…….' 온갖 상상에 노심초사하며 일이 끝나자마자 부리나케 집으로 향했다. 그런데 집에 도착하니 아들은 방에서 쿨쿨 자고 있었다. 그때가 무려 오후 5시. 어찌나 어이가 없던지!

이렇게 시도 때도 없이 잠만 자고, 아침엔 아무리 깨워도 도통 일어나질 않아 속 썩이는 사춘기! 하지만 알고 보면 또 이해를 할 수밖에 없다. 사춘기가 되면 수면 호르몬인 멜라토닌이 2시간 더 늦게 분비된다고 한다. 그러니 늦게 자고 아침에 늦게 일어나는 생활이 신체 변화에 맞는 수면 패턴인데 아침 일찍 학교를 가야 하니 일어나기 힘들 수밖에 없고, 그렇게 쌓인 수면 부족으로 휴일에는 더 잠이 쏟아지는 것이다. 또 사춘기의 성장호르몬도 밤에 분비되니 잘 성장하려면 잘 자야 한다. 잠만 자는 아이를 보며 열 받기보다는 '많이 자면서 잘 크고 있구나.' 하면서 심호흡 한 번 하고 마음의 평정을 찾으면 좋겠다.

## » 사춘기 딸과 아들은 금성에서 온 여자, 화성에서 온 남자

사춘기의 변화는 남녀에 따라서도 다르다. 사춘기 아들의 몸에선 남성호르몬인 테스토스테론이 아동기보다 무려 1000배 이상 많이 나온다. 이 남성호르몬은 목소리와 몸을 변하게 할 뿐 아니라 뇌 속의 편도체를 자극해서 공격성과 성적 관심을 높아지게 한다. 아이도 이렇게 갑자기 찾아온 호르몬 변화에 적응해나가느라 스트레스 받고, 그 스트레스를 풀려고 충동적인 행동을 하기도 한다. 아이를 문제아로 낙인찍기보다는 부모가 아들의 마음을 공감해주고 이해하면서 감정과 충동을 잘 조절할 수 있도록 도와주어야 하는 때인 것이다.

이제 딸에게 고개를 돌려보자. 엄마들을 보면 생리 주기에 따라 변하는 호르몬 때문에 기분이 오르락내리락하고, 갱년기에는 여성호르몬이 줄어들면서 몸도 아프고 우울해진다. 그런데 엄마처럼 딸도 호르몬의 영향을 받는다는 사실!

사춘기 딸들도 여성호르몬이 분비되면서 몸이 변할 뿐 아니라 감정 기복이 심해진다. 딸들을 보면 명랑하게 잘 지내다가도 갑자기 짜증내고 신경질을 낼 때가 많다. 그럴 때 부모로선 참 황당하기도 하지만, 딸의 '호르몬'을 생각하며 혼자 있는 시간을 가지게 하고 마음을 편안하게 해주어야 한다.

이렇게 사춘기 아이의 몸과 뇌, 호르몬 변화까지 찬찬히 살펴보면 "너는 도대체 왜 그러니?"가 아니라 "너도 크느라 많이 힘들구나." 하면서 토닥여주는 마음의 여유를 찾을 수 있다. 사실 가장 힘든 건 아이 자신이다. 아이도 불안하고 두려우니까, 그런 자신을 방어하고 감추기 위해 더 공격적인 모습을 나타내게 된다고 한다.

물론 이렇게 이해를 하다가도 막상 아이가 이유 없이 짜증내고 사사건건 반항 모드가 되면 부모도 성인군자가 아닌 이상 욱하고 화가 날 수밖에 없다. 이럴 땐 아이의 감정에 같이 휩쓸리지 않고 부모가 감정의 중심을 잡는 노력이 필요하다.

아이와 수없이 부딪치면서 내가 터득한 방법은 아이가 화를 낼 때 같이 화를 내지 않는 것이었다. 화가 난 상태에서 함부로 한 말은 서로에게 상처만 줄 뿐 문제를 해결하지 못했다. 그래서 일단 화가 나면, 서로 각자 방에 들어가서 마음을 가라앉히고 나서 다시 이야기를 하자고 아이에게 제안했다. 다시 대화를 하다가 목소리가 또 높아지면, 다음 방법은 편지를 쓰는 것이었다. 아이에게 편지를 쓰면 말로 할 때보다 훨씬 더 부드럽게 지금 내 마음이 어떤지를 잘 전달할 수 있기 때문이다.

아이가 사춘기를 어떻게 겪고 넘어가느냐에 따라 더 성장할 수도 있고, 잘못하면 삐뚤어질 수도 있는데, 부모도 마찬가지다. 아이는 부모 스스로가 얼마나 부족한 사람인지를 낱낱이 보여주는 존재이자 더 좋은 사람이 되도록 노력하게 하는 고마운 존재이기도 하다. 아이와 온갖 갈등을 겪고 풀어나가면서 부모도 더 성숙해지고, 더 씩씩해지고, 더 지혜로워진다.

사춘기가 되어 성격도 행동도 말도 부쩍 모나지는 아이들. 하지만 자꾸 혼내고 망치로 내리친다고 해서 모난 마음이 둥글둥글해지지는 않는다. 사춘기 아이의 반항과 부정적 태도는 부모가 이성적으로 따지고 권위로 누른다고 해서 절대 해결될 일이 아니다. 기다리는 시간이 참 힘들게 느껴지지만 믿고 기다린 만큼 아이는 성큼 자라서 돌아온다. 흐르는 물이 모난 돌을 둥글게 하듯, 오랜 시간 아이를 보듬어주고 이해해주다 보면 어느새 아이와 함께하는 평온한 시간이 찾아올 것이다.

### 사춘기 자녀를 둔 부모를 위한 실천 팁

- 잔소리는 꾹 참았다가 일주일에 한 번만 한다.
- 화가 날 땐 일단 마음을 가라앉힌 후에 아이와 대화한다.
- 아이의 몸과 마음의 변화에 따른 심리 상태를 이해해준다.
- 아이가 독립적인 인간으로 커가고 있음을 인정해준다.
- 큰 규칙을 정하고, 작은 일들은 자율적으로 하도록 한다.
- 아이가 시행착오를 겪으면서 스스로 길을 찾도록 기다려준다.
- 아이가 방황할 때 부모는 혼내기보다 따뜻한 품이 되어준다.

### 사춘기를 이해하는 데 도움이 되는 책

《사춘기로 성장하는 아이 사춘기로 어긋나는 아이》(강금주 지음, 북클라우드)

《성장하는 십대를 지혜롭게 품어주는 엄마의 품격》(조선미 지음, 한울림)

《내 아이가 힘겨운 부모들에게 - 부모편》(오은영 지음, 녹색지팡이)

《오늘 하루가 힘겨운 너희들에게 - 아이편》(오은영 지음, 녹색지팡이)

《내 아이 열 살부터 다시 시작하는 엄마 노릇》(도이 다카도리 지음, 박선영 옮김, 예문)

《청소년 감정코칭》(최성애 · 조벽 지음, 해냄)

《10대 부모수업》(최영인 지음, 시간여행)

《욱하는 사춘기, 감정 처방전》(곽소현 지음, 길위의책)

《사춘기, 엄마가 모르는 아이의 비밀》(김영화 지음, 경향에듀)

## 4

# 따뜻한 라포 만들기

아이와 부모가 서로 부딪칠 일이 많아지다 보면 같이 있는 시간이 점점 더 어색하고 불편해지곤 한다. 세상에 둘도 없는 부모 자식 사이가 이렇게 서먹해지다니……. 그때 생각난 게 '라포'였다.

라포(Rapport)는 사람과 사람 사이에 생기는 상호 신뢰 관계를 말한다. '라포가 형성되었다'는 것은 감정 교류가 잘되어 친밀하게 어떤 일이라도 터놓고 말할 수 있는 상태이다.

안아주기 같은 스킨십을 하면서 생기는 라포 만들기도 좋은 방법이다. 미국에서 실제로 있었던 일인데, 쌍둥이 중 한 명이 약하게 태어나 인큐베이터에서 생사를 오고 갔다고 한다. 이를 보던 간호사가 동생의 인큐베이터에 언니를 같이 눕혔는데, 언니가 동생을 안는 것처럼 팔로 감싸주자 동생의 심장이 다시 뛰면서 건강을 되찾았다. 스킨십의 힘이 얼마나 큰지 느낄 수 있는 사례인데, 아이들도 무조건 혼을 내기보다 가만히 안아주는 것만으로도 마음이 전달될 때가 있다. 하지만 아이들이 점점 크면서 손만 잡아도 휙 하고 빼버리기 일쑤니 스킨십을 통한 라포 만들기는 쉽지가 않다. 그래도 자는 아이를 깨울 때 볼에 살짝 뽀뽀도 해주고, 학교 가는 아이에게 좋은 하루 보내라고 토닥토닥해주면서 틈틈이 스킨십으로 라포 만들기를 시도해볼 수 있다.

남매 가수인 '악동뮤지션' 부모님을 직접 만나 아이들을 키운 이야기를 들을 기회가 있었다. 이분들은 아이들이 사춘기로 힘들었던 시기에 친해지기 위해 일부러 아이들이 좋아하는 웹툰도 같이 보고, 게임도 같이 했다고 한다. 그렇게 아이와 소통하기 위해 아이의 눈높이에서 좋아하는 걸 같이했다는 이야기가 참 와닿았다.

그 이야기를 듣고 집에 돌아와 웹툰을 보고 있는 아이에게 무슨 웹툰이 재미있냐고 물어보기도 하면서 관심을 보이는 척했다. 아이는 '엄마가 웬일이야?' 하는 표정이었지만 "웹툰 그만 좀 봐!" 이렇게 잔소리하는 것보다는 뭔가 훈훈한 관계가 만들어지는 것 같았다.

사실 우리도 누군가를 처음 만났을 때, 내가 좋아하는 걸 같이 좋아하는 사람이라면 바로 마음을 열고 금방 친해지곤 한다. 아이들에게도 그렇게 친해지는 전략이 필요한 것이다.

그리고 시간 여유가 있다면, 라포를 만드는 데 가장 좋은 방법은 여행이다. 24시간 함께 있다 보면 대화도 많이 하게 되고, 좋은 거 보고 맛난 거 먹으면서 기분 좋게 친해지기 딱 좋은 기회가 된다.

일상에서도 아이와 친해지는 방법을 찾아보면 많이 있다. 아이와 음악 취향이 비슷해서 같이 음악을 찾아 듣고 공연도 같이 다니는 지인이 있는데, 아이와 친구처럼 지내는 모습이 볼수록 참 부러웠다. 아이가 좋아하는 방송 프로그램이나 연예인이 있다면 그 연예인이 나오는 방송을 재미있게 같이 봐주는 것만으로도 아이는 참 좋아한다. 영화를 좋아한다면 영화관에 가서 팝콘 먹으면서 같이 영화를 볼 수도 있고, 야구를 좋아한다면 야구장에 같이 간다거나 잠깐씩 캐치볼을 함께해도 좋다. 그런 시간들이 쌓이다 보면 아이는 부모에게 친밀감을 가지고 마음을 열 수 있게 된다.

그리고 한 가지 더! 비교적 함께하기 쉬우면서도 효과 좋은 방법은 보드게임. 우리 집에서는 '루미큐브'나 '보난자'라는 보드게임을 즐겨 하는데, 아이들도 어른들도 재미있게 할 수 있는 보드게임이 많다. '라포 만들기'라는 목적을 떠나서도 각자 방에 틀어박혀 스마트폰만 들여다보기보다는 일주일에 한 번씩이라도 가족이 모여 함께 논다는 것만으로도 참 행복한 시간을 보낼 수 있다.

가족과 함께하는 귀중한 시간이라는 뜻의 '퀄리티 타임(Quality time)'이라는 말이 있다. 요즘 부모는 야근하느라 늦게 오고, 아이들은 학원 다니느라 편의점에서 끼니를 때울 때가 많아 식구들이 함께 밥 먹기도 쉽지 않다. '식구'를 사전에서 찾아보면 '밥 식(食)'에 '입 구(口)', 즉 '한 집 안에서 같이 살면서 끼니를 함께 먹는 사람'이다. 따뜻한 밥을 함께 먹으면서 도란도란 이야기 나누는 시간도 라포 만들기에 좋은 '퀄리티 타임'이 된다.

아이가 좋아하는 것에 관심 가지고 응원해주기! 함께 놀고 즐기기! 마음만 먹으면 크게 어렵지 않은 방법이니 바로 실천해보면 어떨까. 이렇게 스스럼없이 친한 관계가 된다면 그다음부터는 부모가 사춘기 아이와 함께할 수 있는 일이 많아진다. 아이가 고민을 털어놓기도 하고, 가끔씩 잔소리를 해도 웃으면서 들을 수 있기도 하고, 인생 이야기도 나눌 수 있게 된다.

어느 아프리카 원주민 말에서는 '사랑한다'가 '이해한다'와 같은 말이라고 한다. 우리는 분명히 아이를 사랑하고 있지만, 과연 얼마나 잘 이해하고 있을까? 자신이 없어지는 질문이다. 이런저런 일들을 겪어보니 사춘기 아이를 이해하기 위해선 아이가 좋아하는 것과 싫어하는 것까지 공감할 수 있어야 한다는 걸 깨달았다.

우리 아이가 가장 좋아하는 것은 뭘까? 머릿속으로 떠올려보자. 그리고 깔깔 웃으며 함께 신나게 놀아보자. 그렇게 조금씩 노력하다 보면 어려움도 기쁨도 터놓고 나눌 수 있는, 세상에서 둘도 없는 부모 자식 사이가 되어 있을 것이다.

### 실천 다이어리

- 우리 아이가 좋아하는 것을 같이 해본 경험을 써보세요.
- 아이가 좋아하는 것을 같이 공감해준 후의 반응이 어땠는지 써보세요.
- 라포가 만들어진 후에 아이와의 관계에서 달라진 점을 써보세요.

### 가족 라포 만들기에 도움이 되는 책

《라포 커뮤니케이션》(김태련 지음, 지식과감성)

《대한민국 대표 주말 가족여행》(박동철 지음, 넥서스북스)

《밥상머리의 작은 기적》(SBS스페셜 제작팀 지음, 리더스북)

## 함께 자립하기

아이들이 성인으로 살아갈 이삼십 년 후엔 세상이 어떻게 달라져 있을지 모른다. 불안하다고 해서 부모가 아이의 미래를 미리 준비해줄 수도 없다. 할 수 있는 최선의 방법은 아이 스스로 미래를 대처해나갈 수 있는 생활력과 자립심을 길러주는 것이다.

요즘 인재를 보는 기준은 학력 중심에서 실력 중심으로 바뀌고 있는데, 무엇보다도 '자립력'이 살아가는 데 가장 든든한 실력이 된다. 게다가 자기만의 목소리를 내기 시작하는 사춘기는 자립력을 키우기에 딱 좋은 때다.

한 달 동안 부모와 자녀가 역할을 바꾸는 색다른 시도를 해본 독일 가족이 있었다. 열 살과 열세 살 남매가 부모처럼 집안일을 총괄하는 대장이 되고, 엄마와 아빠는 아이들이 하라는 대로 했다. 물론 시행착오도 있었지만 아이들은 점점 주도적인 역할을 하면서 책임감 있게 변화했고, 또 부모는 그동안 얼마나 아이들의 자유를 제한하고 명령을 많이 해왔는지 깨닫게 되었다고 한다. 이 이야기를 책으로 읽으면서 뜨끔하기도 하고 반성도 많이 했다.

아이가 커가면서 부모의 역할도 달라져야 한다. 아이가 어릴 때에는 양육자와 훈육자의 역할을 하다가, 아이가 청소년기가 되면 양육자와 훈육자의 역할은 줄이고 상담자의 역할을 하고, 아이들이 성인이 되면 인생을 함께하는 동반자가 되어주어야 한다. 하지만 문제는 아이가 청소년이 되어서도 부모가 양육자와 훈육자의 역할을 놓지 못하는 현실. 이렇게 부모가 아이를 관리하고 통제하면서 자립력의 싹을 짓밟고 있는 건 아닐까? 부모의 주도성을 줄일수록 아이의 주도성이 커진다. "자식은 내가 낳아 기르되 내 소유는 아니다."라는 노자의 말처럼, 커가는 아이를 독립적인 인간으로 인정해주어야 한다.

자식이 내 인생을 대신 살아줄 수도 없고, 내가 자식의 인생을 살아줄 수도 없다.

내가 아이의 생활에 너무 많이 개입하는 것 같다는 생각이 들 때마다 마음에 새겨보는 말이다. 이렇게 마음을 다졌다면, 이제 자립력을 키우기 위한 실천 방법을 찾아보자.

### » 마음 자립 - 선택도 내가 하고, 책임도 내가 진다

인생을 살아가면서 중요한 결정을 스스로 못하는 선택 장애를 겪는 사람들이 점점 늘어난다고 한다. 이러한 문제는 아이들이 스스로 선택할 기회를 주지 않고 부모가 모든 걸 알아서 해준 성장 과정의 영향도 크다. 부모가 답을 다 정해놓고, 너는 대답만 해! 그런 부모는 아니었는지 반성 또 반성해보자. 아이에게 선택권을 아낌없이 주고, 부모가 다 알아서 짜주는 생활은 이제 그만! 언제까지 부모가 다 해줄 수는 없지 않은가. 선택과 자율, 그다음으로는 책임도 당연히 뒤따라야 한다. 자신이 선택한 일에 대해서는 아이 스스로 책임지는 법도 배우게 하자. 그래야 진짜 어른으로 성장할 수 있게 되니까 말이다.

## » 공부 자립 - 스스로 공부력을 키우는 진짜 공부

중학교 때까지 전교 등수를 휩쓸던 아이들이 고등학교에 가서 와르르 무너지는 경우가 종종 있다. 반대로 중학교 때까지는 중간쯤 하던 아이가 고등학교에 가서 성적이 팍팍 치고 올라오는 경우도 있다. 이런 드라마 같은 성적 변화의 원인은 공부 자립력!

중학교 때까지는 학원에서 시키는 대로 달달 외우고, 기출문제를 많이 풀어보면 소위 학원발로 좋은 점수를 받는 것이 가능하다. 이렇게 단순 암기 방식에 익숙해진 아이들은 고등학교에 올라가 스스로 사고하고 개념을 연결하는 공부를 힘들어한다. 오히려 당장 좋은 성적은 못 내더라도 책도 많이 읽고 스스로 시행착오를 겪으면서 성장해온 아이들은 쉽게 무너지지 않고 학년이 올라갈수록 더 능력을 발휘한다.

사교육에 지나치게 의존하기보다는 공부 자립력을 길러주자. 상상도 못 했던 점수를 받으며 실패도 하고, 어떻게 하면 성적을 올릴 수 있는지

성취감도 느껴봐야 공부 자립도 레벨 업!

### » 생활 자립 - 일상에 필요한 삶의 기술 배우기

기숙사 생활을 하는 아이 방에 부모가 청소를 해주러 가고, 결혼한 자녀 집에 가서 온갖 집안일을 해준다는 기사를 본 적이 있다. 다 컸지만 생활 자립을 못하고 여전히 부모에게 의존하고 있는 '어른 아이'들이 많은 요즘이다.

'너는 공부만 해! 집안일은 안 해도 돼!'라고 생각하는 부모들이 많은 것 같다. 하지만 이렇게 자란 아이들은 살아가는 데 꼭 필요한 일(함께하는 집안일, 가족 간의 대화 등)보다 성적이나 시험이 더 중요하다고 생각하게 되지 않을까? 살아가는 데 꼭 필요한 생활 자립! 대학 가고 나서 해도 된다고 미룰 일은 아니다.

스스로 메뉴를 짜서 요리하고, 주변 환경을 스스로 가꾸고, 돈을 규모 있게 쓰고, 생활을 정리 정돈해나가는 일상의 능력을 기르게 해주자. 살아가는 데에는 그런 삶의 기술이 공부나 입시보다도 훨씬 중요하다.

### » 독서 자립 - 스스로 찾아 읽고 책을 평생 친구로

아이들이 초등학교 때까지는 책을 즐겨 보다가도 중학교에 올라가서는 어떤 책을 읽어야 할지도 막막하고, 공부 압박이 더 커지면서 책과는 점점 담을 쌓게 되는 경우도 많다.

책 읽기를 너무 강요하지 말고 편안한 마음으로 독서할 수 있는 분위기를 만들어주자. 일단 부모가 먼저 책을 즐겨 읽으면서 아이가 흥미를 가질 만한 책을 슬쩍 권해주는 게 가장 효과가 좋다. "어, 재미있는 책도 있네!" 하면서 아이들이 한 권 두 권씩 즐거운 독서 경험이 쌓이다보면 스스로 자신이 관심 있는 분야의 책을 찾아보게 된다.

책이 평생 든든한 친구로 함께하면서 마음 자립, 생활 자립, 공부 자립뿐만 아니라 독서 자립까지 하게 된다면 정말 멋진 어른으로 자랄 수 있을 것이다.

### 씩씩한 자립을 도와주는 책

《지금 독립하는 중입니다》 (하지현 지음, 창비)

《두근두근 자기주도학습》 (이강석 외 지음, 씨앤톡)

《소년의 레시피》 (배지영 지음, 웨일북)

《소년이여, 요리하라!》 (금정연 외 지음, 우리학교)

《팬티 바르게 개는 법》 (미나미노 다다하루 지음, 안윤선 옮김, 공명)

《정리의 신》 (스기타 아키코·사토 지음, 윤수정 옮김, 돌베개)

둘

# 책으로 토닥토닥하는 집 만들기

앞에서 사춘기 아이를 둔 부모가 가져야 할 마음가짐을 살펴보았다. 마음 준비를 탄탄하게 했다면, 자녀가 사춘기를 겪으며 어떤 힘든 일이 생겨도 부모가 꿋꿋하게 중심 잡고 도와줄 수 있을 것이다. 그뿐 아니라 우리가 목표로 하고 있는 '부모와 자녀가 따뜻하게 소통하고 함께 성장하기'도 훨씬 순탄해진다.

이 책에서는 부모와 사춘기 아이가 소통할 수 있는 방법을 '책'에서 찾아보려고 한다. 그런데 왜 하필이면 '책'일까? 요즘은 보기 힘들지만, 예전에는 마당에 수도 대신 펌프가 있는 집이 많았다. 펌프질을 해서 지하수를 끌어올리기 위해서는 한 바가지의 마중물을 부어야 하는데, 책은 부모와 아이의 대화와 소통을 끌어내는 데 가장 영양가 있는 '마중물'이 될 수 있다. 책에는 우리가 경험해보지 못한 세계가 있고, 우리를 꿈꾸게 하는 이야기가 있다. 책에 나오는 인물들을 통해 우리 자신을 돌아볼 수도 있고, 부모가 아이에게 알려줄 수 없는 세상을 책은 보여줄 수 있다. 또 무엇보다 책에는 무궁무진한 대화와 공감의 소재들이 담겨 있기에 소통을 이끌어내는 마중물 역할을 톡톡히 해낼 수 있다.

하지만 "귀찮아"와 "싫어"를 입에 달고 사는 사춘기 아이와 무얼 함께하기란 쉽지 않다. 책으로 소통하기 위해선 독서 환경을 만들 밑바탕을 다지고, 책에 관심을 가지게 하는 약간의 기술이 필요하다. 그럼, 가족이 책으로 더 가까워지고 소통할 수 있는 방법을 함께 찾아보자.

1

# 책 읽기를 위한 세 가지 다이어트

쉴 틈 없는 학원 뺑뺑이, 자나 깨나 스마트폰 삼매경, 그 와중에 엄마는 책 읽으라는 잔소리까지……. 이런 상황에서 책으로 소통하기란 언감생심. 책 읽을 수 있는 환경을 먼저 만들어야 한다. 이를 위해 먼저 '세 가지 필수 다이어트', 즉 '사교육 다이어트, 미디어 다이어트, 잔소리 다이어트'를 해보자.

### » 사교육 다이어트 - 사교육을 줄이면 책 읽는 시간이 늘어난다

요즘 아이들을 보면 스케줄이 연예인보다 바쁘다. 특히나 중학교에 들어가면 초등학교보다 수업도 늦게 끝나고, 학원까지 몇 개 다니면 매일매일이 빡빡함 그 자체다.

그런데 "학원도 열심히 다니면서, 책도 틈틈이 읽어!" 이렇게 말하는 부모들이 있다. 여기에 떠오르는 이야기 하나. 내가 대학 졸업 후 처음 한 일은 카피라이터였다. 광고 회사 직원들은 광고주의 의뢰가 들어오면 몇 날 며칠 밤을 새워 시안을 만들어 광고주에게 가져간다. 시안을 보고 광고주는 이런저런 수정 사항을 지시하는데, 어떤 광고주는 정말 어이없는 요구를 할 때가 있다. "심플하면서도 아기자기하게", "다크하면서도 밝은 톤으로" 이런 식으로 말이다. 쉴 틈 없이 공부만 시키면서 책도 틈틈이 읽으라는 부모의 말도 그렇게 무리한 요구일 수 있다.

쉴 틈 없는 아이들이 책 읽을 틈을 만들기 위해서 가장 먼저 할 수 있는 일은 '사교육 다이어트'이다. 중학교에 들어가면 배우는 내용이 어려워지고, 사춘기라 마음은 싱숭생숭해서 공부하기가 쉽지 않다. 사교육의 도움이 필요하면 적당하게 받되, 그렇다고 무조건 사교육에만 의존하는 것은 앞서 말한 '공부 자립'에 둘도 없는 훼방꾼이 된다.

당장 급한 불을 꺼주는 사교육보다는 멀리 보고 아이의 공부 동기를 살려주는 게 우선이다. 아이가 실패도 하고 스스로 시행착오를 많이 겪어볼수록 아이의 자발성은 더 커지고 깨닫는 것도 많아진다. 그런 의미에서도 사교육은 다이어트를 할수록 좋고, 그래야 아이가 더 크게 스스로 성장할 수 있다. 아이가 쓸 수 있는 시간이 많아지면 책을 가까이할 여유도 조금 더 생길 것이다.

아무 생각 없이 학원 뺑뺑이만 도는 아이, 스스로 공부하면서 생기는 여유 시간에 책도 읽는 아이. 어떤 아이로 자라게 하고 싶은지 생각해보자. "Nothing happens until something moves(무언가를 하기 전에는 아무 일도 일어나지 않는다.)"라는 말처럼, 아이의 미래를 바꾸는 가장 좋은 방법은 지금 당장 실천하기가 아닐까.

실천 다이어리

- 아이가 받고 있는 사교육들을 모두 적고, 혼자 할 수 있는 공부는 없는지 우선순위를 매겨 지워보면서 꽉 짜인 생활을 조금씩 비워보세요.
- 아이가 여유 시간에 무얼 하고 싶은지 이야기를 나누어보세요. 무엇이든 자유롭게 해보는 경험이 중요하니 기꺼이 응원해주세요.
- 어떤 시간에 책을 읽을 수 있을지 이야기를 나누어보세요. 자투리 시간에 책 읽는 방법도 아이와 함께 생각해보세요.

## » 미디어 다이어트 - 책을 멀리하게 하는 것들을 멀리한다

우리 아이들은 초등학교 때부터 중학교 1학년까지 방학 때마다 경북 성주 어느 한옥의 독서캠프에 갔던 추억을 가끔씩 떠올려보곤 한다. 여러 곳에서 모인 대여섯 명의 아이들이 정해진 프로그램 없이 자연 속에서 놀거리를 찾아서 놀고, 대청마루에서 뒹굴뒹굴하고 책도 읽으며 행복한 일주일을 보냈다. 거기서 어떤 아이가 "여기는 텔레비전도 스마트폰도 없고 컴퓨터 게임도 못 하니까 심심해서 책을 읽게 된다"고 했던 말이 기억난다. 그때 나는 '심심해서 책을 읽게 된다'는 말이 확 와닿았다.

요즘 아이들은 정말 심심할 틈도 지루할 틈도 없다. 학교에 학원에 맨날 바쁘고, 잠깐 시간이 날 때마다 들여다보는 스마트폰 속에 온갖 재밌는 것들이 가득하니 말이다. 각종 SNS, 웹툰, 온갖 동영상까지, 청소년들은 스마트폰 하나면 무인도에서도 잘 살 것 같다.

스마트폰은 웬만하면 안 사주고 싶은 애물단지다. 하지만 아이들이 거의 가지고 있으니 우리 아이만 안 사줄 수 없다는 이유 등으로 손들어버리는 부모님이 많다는 게 슬픈 현실. 이렇게 스마트폰 대세를 막을 수 없다면 아이들이 스마트폰을 지혜롭게 잘 쓸 수 있도록 도와주는 게 부모가 할 수 있는 차선책이 아닐까.

우선 스마트폰을 손에서 놓는 시간을 잠깐이라도 다 같이 실천해보자. 판매용으로 나온 스마트폰 전용 수거함이나 보관 가방처럼, 우리 집만의 스마트폰 보관함을 만들어볼 수 있다. 작은 수납함을 사서 '○○네 스마트폰 모여라', '스마트폰도 쉬게 해주세요' 이런 문구도 써서 붙여놓으면 좀 더 재미있을 것이다.

학교에서처럼 일방적으로 걷는 것보다는 스마트폰을 안 쓰는 시간을 정해서 스스로 스마트폰을 가져다 놓도록 약속해보자. 아이들은 스마트폰을 못 쓰게 하면서 엄마 아빠는 계속 들여다보지 말고, 공평하게 엄마 아빠도 같이해야 한다. 요즘은 핸드폰을 방치한 시간만큼 포인트가 적립되는 '방치 캐시', 사용 시간을 제한하는 '모바일 펜스' 등 사용 시간을 줄일 수 있는 앱이나 프로그램도 많이 있으니 활용해보자.

컴퓨터나 스마트폰을 무조건 못 하게 하는 것만이 해결 방법이 아니므로 대신할 수 있는 것들도 생각해보아야 한다. 가족들이 좋아하는 걸 함께하기도 하고, 운동이나 독서를 할 수도 있을 것이다.

또 스마트폰보다 오랜 역사를 자랑하는 유혹거리는 뭐니 뭐니 해도 텔레비전이다. 텔레비전은 한번 틀어놓으면 헤어나기 힘든 늪처럼 푹 빠져버리니, 용기 낼 수 있다면 텔레비전을 과감히 없애는 게 가장 좋은 방법이다. 꼭 보고 싶은 프로그램은 컴퓨터에서 찾아볼 수도 있다.

텔레비전이 없으면 처음에는 부모들이 더 힘들어하지만, 사람은 적응의 동물인 만큼 곧 어른도 아이도 다른 재미를 찾게 된다. 스마트폰과 텔레비전 보는 시간만 줄여도 많은 시간이 생기니, 아이들이 심심해질 기회가 많아진다. 그럴 때 재미있는 책 한 권을 슬쩍 권해보면 어떨까.

### » 잔소리 다이어트 - 잔소리할수록 더 읽기 싫어진다

셰익스피어의 희곡 〈로미오와 줄리엣〉을 보면 사랑에 빠진 두 남녀가 나온다. 그런데 남녀의 집안이 원수지간이었기 때문에 그들의 사랑을 반대했는데, 그럼에도 둘의 애정은 점점 더 깊어져 결국 비극으로 끝나고 만다. 이 이야기에서 유래한 '로미오와 줄리엣 효과'라는 게 있는데, 누군가가 압박을 하면 할수록 자기를 보호하려는 욕구가 작동해서 더 강하게 저항하게 되는 심리 현상을 말한다.

아이들에게서도 '로미오와 줄리엣 효과' 같은 행동을 자주 목격하게 된다. 하지 말라고 하면 더 하고 싶어 하고, 하라고 하면 더 하기 싫어하는 청개구리 심보 말이다.

첫째인 딸은 중학교를 졸업하고 고등학교에 들어가기 전에 하고 싶은 것들을 자유롭게 해보기 위해 1년간 쉬었다. 나는 딸아이가 1년 동안 맘껏 쉬는 건 좋은데, 다른 건 몰라도 책은 많이 읽었으면 하는 바람이 있었다. 그런데 시간이 많은데도 책은 별로 보지 않는 딸을 보면서 속이 상했다. 보다 못해 "책도 좀 보면 어떨까?"라는 말을 몇 번 했더니, 어느 날 딸은 이렇게 말했다. "엄마가 자꾸 그러니까 책이 더 싫어지잖아." 그 말을 듣고 나는 충격을 받았고, 아이에게 책을 권한다는 것을 다시 돌아보게 되었다.

생각해보면 딸아이는 학교에 다니지 않으니 책 말고도 더 큰 세상에서 더 많은 것을 배우고 있었다. 책은 간접경험이지만, 여행도 많이 다니고 사람들도 많이 만나면서 세상을 읽고 있었던 것이다. 그렇게 생각하니 '꼭 책이 아니면 어때? 어디서든 보고 배우고 성장할 수 있으면 그걸로 오케이지.' 하는 쿨한 마음을 가질 수 있었다. 그러곤 딸이 책을 안 읽는 걸 보면서 조바심이 나던 마음이 조금씩 편해졌다. 이렇게 잔소리가 줄어드니 오히려 아이는 자기가 내킬 때마다 관심 있는 분야의 책도 보고, 재미있다고 권해주는 책도 가끔씩 읽게 되었다. "책 읽어라" 하면 더 책이 싫어지고, "공부해라" 하면 더 공부가 싫어지고, 잔소리하면 할수록 부모가 바라는 바에서 더 멀어지게 된다는 뼈아픈 깨달음을 얻었다.

책 읽으라는 잔소리는 꾹 참고, 부모가 먼저 책 읽는 모습을 보여주자. 어릴 때에도 그렇지만, 아이들은 커서도 부모가 하는 걸 은연중에 보고 배운다. 부모가 먼저 책을 가까이하면서 책 읽는 분위기를 만드는 게 중요하다는 건 알고 있지만, 실천이 쉽지는 않다. 하지만 그것만큼 본보기 효과가 큰 것도 없기에 또 강조하지 않을 수가 없다.

부모가 먼저 책을 읽고 싶어도 책이 재미없게 느껴지고 너무 어렵다면 아이들용 책도 좋다. 어린이책이나 청소년책도 재미있고 감동적인 것들이 많고, 게다가 아이들과 같은 눈높이에서 책을 읽고 이야기도 나눌 수 있으니 일석이조!

책 읽기뿐 아니라 아이의 생활에 대한 잔소리도 무조건 다이어트! 나도 마음에 늘 새기려 애쓰는 중이다.

2

# 책으로 소통의 문 열기

### » 초간단, 책으로 대화하기

여성가족부에서 청소년이 있는 2000가구를 대상으로 한 '2014 청소년 종합실태조사(주 양육자와 만 9세에서 24세 청소년 3000명을 대상으로 실시)' 결과를 보면 아버지와는 3분의 1 정도, 어머니와는 2분의 1 정도의 청소년만이 주중 1시간 이상의 대화를 한다고 한다. 그러니까 청소년 자녀와 일주일에 1시간 대화하기도 어렵다는 이야기다. 하지만 일주일에 1시간 정도라도 부모와 아이가 나눈 대화가 미치는 영향은 엄청나다.

부모와의 대화 시간이 늘어날수록 아이들의 스트레스와 가출 충동은 감소하고 행복지수는 올라간다고 한다. OECD 조사에서도 부모와 아이 사이에 문화·사회 이슈에 대한 대화가 많을수록 아이의 읽기 능력이 높다고 발표되어 '부모와의 대화'의 중요성이 더 강조되고 있다.

하지만 아이와 딱히 할 이야기도 없고, 이야기하다 보면 부모는 "공부

해라!"로, 아이는 "역시 아빠 엄마하고는 말이 안 통해!"로 끝나기 일쑤니…… 도대체 대화의 실마리는 어디에서 찾을 수 있을까?

대화 가운데 최고로 멋진 것은 책을 읽고 나누는 대화가 아닐까 싶다. 애니메이션 〈미녀와 야수〉를 보면, 미녀가 야수에게 호감을 가지게 된 결정적인 계기가 야수와 책 이야기를 나누게 되면서부터다. 책 대화를 나누면서 정말 어울릴 수 없을 것 같던 미녀와 야수도 사랑에 빠지게 되었던 것처럼, 어울리기 힘든 관계인 사춘기 아이와 부모도 조금은 가까워질 수 있지 않을까.

"어떻게 가족끼리 쑥스럽게 책으로 대화를 나눌 수 있죠?" 이렇게 고개를 갸우뚱하는 분들을 위해 누구나 쉽게 할 수 있는 책 대화 방법을 소개해본다.

### 메신저로 톡톡! 가족 책 대화방

말만 들어도 근사한 가족 독서 토론! 이런 걸 하면 좋겠지만 말을 꺼내기도 쉽지 않고, 사춘기 아이들은 무슨 말만 하면 까칠하게 반응하니, 독서 토론은 말할 것도 없고 사춘기 아이들과 얼굴 맞대고 이야기하는 자체가 참 쉽지 않다.

직접 대화를 하기가 좀 무엇할 땐, 가끔씩 메신저(카카오톡이나 페이스북 메신저 또는 라인 등)를 이용하곤 한다. 아이들이 많이 쓰는 채팅어도 써보고, 재밌는 이모티콘도 넣어가면서 메신저로 대화를 시도해 보는데, 직접 얼굴 보며 말할 때보다 훨씬 대화도 잘 이어지고 효과가 좋았다. 아이들과 책 읽고 대화하는 것은 어림도 없다고 포기하지 말고 메신저나 문자메시지 등을 활용해보면 어떨까.

혹시 스마트폰이 없으면 컴퓨터로도 메신저 서비스를 이용할 수 있으니, 가족 대화방을 만들고 엄마 아빠가 먼저 말문을 열어보자. 책을 읽고 표지 사진과 함께 소감을 올려보는데, 너무 멋지게 쓸 필요는 없다. '이 책 정말 재미있네. 나만 보기 아까워 화장실에 두었어.' 이 한마디만 올려도 아이들은 화장실에 갈 일이 있을 때 그 책을 들춰 볼 것이다. 아이들이 책을 보고 '좀 읽어봤는데 별로던데. 주인공이 이상해.' 이렇게라도 반응이 있으면 드디어 대화가 시작되는 것이다.

하지만 아무 반응이 없더라도 실망하지 말고 며칠 뒤에 한 번 더 찔러볼 수 있다. '그 책 읽어봤남? 읽은 사람에겐 피자 쏠게.' 뭐 이렇게 물량 공세라도 한번 해보면 반응은 금방 올지도 모른다. 데이트할 때에도 돈이 필요한 것처럼 아이들과 책 이야기를 나누려면 약간의 비용이 들어갈 수 있다는 점! 책 대화가 쉽진 않지만 우리 가족에게 잘 통하는 방법을 찾아 여러 가지로 시도해보자.

### 짧고 부담 없게! 포스트잇 책 대화

《포스트잇 라이프》는 영국 작가인 앨리스 카이퍼즈가 쓴 소설로, 철없는 10대 딸과 암 투병 중인 싱글맘이 냉장고에 메모를 붙이며 이야기를 주고받는 구성이 독특하다. 포스트잇 대화만으로도 소설이 되다니, 참 신선하게 느껴졌다.

마찬가지로 포스트잇을 이용해서 가족끼리 책 대화를 나눌 수도 있다. 포스트잇은 길게 쓰지 않아도 되니 부담이 없고, 한 장 한 장 붙일 때마다 눈으로 보이니 그다음을 얼른 이어 붙여야겠다는 생각이 든다는 장점이 있다.

아이들이 뻔질나게 여닫는 냉장고에 붙여두면 오가며 쉽게 볼 수 있다. 아이 방의 방문도 좋고, 외모에 관심 많은 시기인 사춘기에는 거울도 좋다. 어디에나 붙이고 뗄 수 있으니 책 대화에도 포스트잇을 활용해보자.

**포스트잇 책 대화 예**

《내가 행복한 곳으로 가라》(김이재 지음, 샘터)를 읽고

**엄마** 엄마도 행복해지는 곳으로 떠나고 싶단 생각을 했어.
넌 어떤 곳에 살면 행복해질 것 같아?

**딸** 당근 시험 없는 곳이지.

**엄마** 엄마는 집안일 없는 곳에 가고 싶다. ㅎㅎ

**딸** 시험도 없고, 집안일 없는 곳, 그런 데가 있을까? ㅋㅋ

### 책 읽는 독서 릴레이

학교 운동회의 하이라이트는 바로 릴레이! 우리 편 주자들이 달리는 걸 보면서 목이 터져라 응원도 하고, 혹시나 바통을 떨어뜨릴까봐 조마조마한 마음으로 구경하던 생각이 난다.

이런 릴레이를 책으로도 할 수 있다. 여러 명이 이어가며 책 읽는 독서 릴레이를 하는 도서관이나 학교도 있는데, 어느 초등학교에서 '응가와 독서 릴레이는 끊기면 안 됩니다.'라고 써놓은 걸 보고 웃은 적이 있다. 정말 릴레이는 끊어지지 않고 이어가는 게 중요하다. 사람이 많을수록 이어가는 게 쉽지 않지만, 같이 살면서 늘 보는 가족끼리 이어가는 건 마음만 먹으면 그리 어렵지 않다. 한 권의 책을 같이 읽으면서 주고받을

이야기도 생기고, 서로 공감하는 경험을 하면서 가족 관계도 더 도타워질 수 있다.

**가족 독서 릴레이, 이렇게 해보자**

① 함께 읽을 만한 책 한 권을 같이 의논해서 정한다.

② 출발 주자, 중간 주자, 최종 주자를 제비뽑기 등으로 정한다.

③ 책 표지를 인쇄해서 집 안의 잘 보이는 데 붙이고, 순서 칸을 만들어 현재 읽고 있는 사람의 이름을 적어놓는다.

④ 출발 주자가 책을 읽고 독서 후기를 포스트잇 등에 짧게 메모해서 다음 사람에게 전달한다.

⑤ 최종 주자까지 독서 릴레이를 마치면 축하하는 자리를 마련하고, 다음 독서 릴레이 책도 다시 정한다.

### » 소리 내어 함께 읽기

아이가 어렸을 때 아이를 품에 꼭 안고 책을 읽어주던 기억이 새록새록하다. 웃긴 책을 읽다가 같이 깔깔깔 웃기도 하고, 슬픈 동화를 읽다가 주책없이 눈물이 나서 훌쩍거린 적도 있었다. 하지만 아이가 점점 커갈수록 이런 풍경은 까마득한 추억이 되어버렸다. 부모들은 그때가 참 그리운데, 아이들은 어떨까?

미국의 유명한 어린이책 출판사인 스콜라스틱(Scholastic)이 2015년에 발표한 '어린이 독서 습관' 조사에 따르면, 6~17세 어린이·청소년 가운데 80% 이상이 부모가 소리 내서 책을 읽어주기를 바라고, 15~17세 청소년 가운데 83%는 책을 읽어주는 부모가 좋다고 응답했다고 한다. 아이들은 어릴 때뿐 아니라 청소년 시기에도 책 읽어주기를 바란다는 이 조사 결과를 보고 참 뜻밖이었다.

그런데 아이들의 바람과는 달리 현실에선 자녀가 클수록 부모가 책을 읽어주지 않게 된다. 1~9세의 자녀에게 일주일에 하루 이상 책을 읽어주는 부모는 98%, 10~12세의 경우에도 77%, 하지만 13~15세 때는 35%, 16~18세 때는 28%로 유년기에 비해 절반 이상 줄어든다. 이는 미국의 경우로, 13세 이상의 자녀에게 책을 읽어주는 부모가 30% 정도라도 있다니 그래도 생각보다는 많은 듯하다. 우리나라에선 청소년들에게 책을 읽어주는 부모가 과연 있을지 의문이다. 다 큰 아이들에게 책을 어떻게 읽어줄지 참 난감해지는데, 서로 책을 읽어줄 수 있는 방법을 함께 찾아보자.

### 자기 전에 읽는 시 한 편

우리 집에서도 아이들에게 책 읽어주는 일은 거의 사라졌지만, 그래도 가끔씩 하고 있는 건 '소리 내어 시 한 편 읽기'다. 시집은 잘 읽게 되지 않아 아이디어를 낸 방법이다. 아이들이 자기 전, 같이 옆에 누워서 머리맡에 둔 시집의 아무 데나 펼쳐서 나오는 시를 소리 내어 읽는다. 재미있는 동시집도 좋고, 중학교 교과서에 나온 시나 청소년들이 직접 쓴 시를 모아놓은 책도 좋다. 너무 어렵기보다는 시도 재미있다는 걸 느낄 수 있는 시, 같이 대화를 나눌 수 있는 시라면 어떤 시든 좋다. 함께 읽은 시를 떠올리며 스르르 잠이 들면 참 근사한 하루의 마무리가 된다.

### 한 꼭지씩 부담 없이 읽는 책

아이들은 공부하느라 바쁘고, 어른들은 일하느라 바쁘고, 다들 바쁘게 살아가니 책 한 권을 마음먹고 처음부터 끝까지 통독하는 게 쉽지 않다. 그렇다고 아예 책을 손에서 놓기보다 부담 없이 가까이할 수 있는 방법을 찾아보자.

책을 보면 쭉 이어서 읽지 않고 한 꼭지씩 읽어도 되는 책들이 있다. 예를 들면 미술 작품을 하나씩 감상해놓은 책이라든가, 가벼운 에세이를 모아놓은 책도 한 꼭지씩 소리 내어 읽기에 부담 없다. 욕심내지 말고 딱 10분씩만 시간을 내보자.

### 아이가 아플 때 책 읽어주기 처방

아이들이 덩치가 어른만큼 커져도 아기 같을 때가 있다. 바로 몸이 아플 때다. 평소에는 아이들에게 책 읽어줄 분위기를 만들기가 쉽지 않은데, 아프면 부모에게 기대고 싶어 하고 응석도 부리게 되니, 이때가 바로 책을 읽어줄 수 있는 좋은 기회다. 책 읽어주는 소리를 듣고 있으면 아픈 것도 잠시 잊을 수 있고, 부모의 사랑도 느끼고 마음도 안정이 되니 더더욱 좋다.

나는 편두통으로 머리가 아플 때가 자주 있는데, 그냥 누워 있으면 계속 머리에 신경이 쓰여서 더 아프게 느껴진다. 그럴 때 아이들이나 남편에게 책을 읽어달라고 하는데, 평소엔 싫다고 할 텐데 아픈 사람의 부탁이니 거절하지 못하고 들어주곤 한다. 그렇게 책 읽어주는 가족들의 목소리를 들으면 마음이 편해지고 기분도 좋아진다. 엄마 아빠는 물론 아이들에게도 아플 때 책 읽어주기! 가족 사랑도 느끼고 책도 함께 읽을 수 있으니 두루두루 좋은 방법이다.

소리 내어 읽기 좋은 책

《외계인에게 로션을 발라주다》 (김미희 지음, 휴머니스트)

《국어시간에 시읽기 1~3》 (전국국어교사모임 엮음, 휴머니스트)

《시가 내게로 왔다 1~5》 (김용택 엮음, 마음산책)

《문득, 묻다 1~3》 (유선경 엮음, 지식너머)

《옛 그림에도 사람이 살고 있네》 (이일수 지음, 시공아트)

### 팟캐스트로 듣는 책

엄마 아빠가 직접 책을 읽어주는 것이 어렵거나 힘들다면, 다양한 콘텐츠로 운영되고 있는 팟캐스트를 활용해보는 것도 좋다. 요즘은 책 이야기를 들려주는 팟캐스트가 많다. 어린이책을 읽어주기도 하고, 신간을 소개하기도 하고, 여러 명이 나와서 책 읽은 경험담을 들려주기도 하는 등 다양한 팟캐스트가 있으니 아이들과 함께 듣기에 좋은 팟캐스트를 골라서 들어보자.

듣는 것은 읽는 것보다 공간과 시간의 제약을 덜 받는다는 장점이 있다. 차를 타고 갈 때나 밥을 먹을 때, 또는 자기 전에 잠이 안 올 때에도 좋고, 어느 때든 부담 없이 들으면서 책을 더 가까이할 수 있다.

**책 관련 팟캐스트**

출판사나 서점, 개인이 운영하는 팟캐스트 등을 직접 들어보고 취향에 맞는 팟캐스트를 골라보자. 팟빵이나 오디오클립 앱 등을 통해 들을 수 있다.

알라딘의 서재 / 예스책방 책읽아웃! / 교보문고 낭만서점 / 독자적인 책수다 / 이동진의 빨간 책방 / 창비 라디오 책다방 / 작가 김영하의 책읽는 시간 / 동네서점 북바이북의 작가캐스트 / 책 이게 뭐라고! / 김도연의 책읽는 다락방 / 한뼘 스토리 / 아날로그 책읽기 / 역사책 읽는 집 / 합정동 독서클럽 / 연남동 북소리 / 서혜정의 오디오 북카페 / 라디오 북클럽 / 그 집 아들 독서법 / 책들이(책따세가 들려주는 이야기)

### » 책에 빠지는 근사한 시간 - 묵독 파티

스마트폰이 대중화되면서 우리 생활이 참 많이 변했는데, 그 중 하나는 읽기 방식! 웹컨설팅 기업인 닐슨노먼 그룹이 웹페이지를 보는 232명 피실험자의 안구 움직임을 관찰한 연구를 했는데, 처음 한 줄은 다 읽지만 그다음 몇 줄은 절반 정도밖에 읽지 않고 결국 페이지 왼쪽에서 맨 밑까지 수직으로 쭉 쓸어내리는 'F'자형 패턴으로 바뀌었다고 한다. 한 줄 한 줄 차근차근 읽던 방식에서 중요한 정보만을 찾아 이리저리 훑어보고 건너뛰는 스마트폰식 읽기로 바뀐 것이다. 이러한 읽기 방식은 필요한 정보를 빨리 찾아내기엔 편리하지만 깊이 있게 읽는 독해 능력을 점점 떨어뜨리게 된다.

뉴질랜드의 맥 윌리엄스라는 사람은 깊이 있게 책을 읽지 못하는 이런 현실에 위기감을 느끼고 '슬로우 리딩 클럽(Slow Reading Club)'을 만들었다. '슬로우 리딩 클럽'은 말 그대로 조용한 분위기에서 천천히 책을 읽는 모임으로, 스마트폰과 인터넷을 끄고 온전히 책에 집중하는 시간을 보내는 것이다. 이 독서 운동은 '묵독(silent reading) 파티'라는 이름으로 요즘 우리나라에서도 독서모임이나 북카페 등에서 조용히 퍼지고 있다. 책장 넘기는 소리만 가끔씩 들릴 뿐 다 함께 책 속으로 푹 빠지는 묵독 파티, 우리 집에서도 해보면 어떨까.

파티하면 뭔가 거창해야 하고 준비할 것도 많게 느껴지는데, '묵독 파티'는 간단하다. 각자 읽을거리와 좋아하는 간식이면 준비 끝! 일주일에 한 번도 좋고 한 달에 한 번도 좋고, 마음만 먹는다면 집에서도 묵독 파티를 쉽게 해볼 수 있다.

아이들이 좋아하는 특별 간식을 준비하고, 각자 읽고 싶은 책 한 권씩을 가져온다. 책을 골라 오는 것도 귀찮아한다면, 도서관에서 가족들이 같이 볼 만한 책들을 빌려와서 쌓아놓고 즉석에서 고르게 해도 좋다. 이때 스마트폰 등 각종 전자 기기 끄는 건 필수! 시간은 처음부터 너무 욕심내지 말고 1시간이든 2시간이든 아이들이 집중할 수 있는 시간으로 정하면 된다.

처음엔 다들 아무 말 안 하고 책을 읽는 게 좀 어색할 수 있다. 뭔가 자꾸 말을 하고 싶어 입이 근질거릴 수도 있고, 분위기 잡는 데 약간 시간이 걸릴 수도 있지만 책을 읽다 보면 점점 편안한 상태가 된다. 이때 책과 어울리는 잔잔한 음악을 곁들여도 좋다.

책을 읽고 나선 자연스럽게 이야기를 나누면 좋겠지만, "자, 소감을 말해보자!" 이렇게 말하는 순간 식구들 표정이 갑자기 굳어질지도 모르니, 꼭 감상을 나누어야 한다는 생각을 할 필요는 없다. 같은 공간에 모여 책을 읽는 시간을 함께 보냈다는 것만으로도 서로 마음이 통할 수 있으니 말이다.

영국 석세스대학의 데이비드 루이스(David Lewis) 박사의 조사 결과에 따르면, 책 읽기는 스트레스 해소에도 효과가 매우 좋다고 한다. 음악을 감상할 때는 스트레스의 61%가 감소하는데, 독서를 하면 68%의 스트레스가 해소되고, 책을 읽는 순간부터 6분이 지나면 심장의 맥박 수가 줄어든다고 하니 책 읽기의 효과는 정말 기대 이상이다. 묵독 파티를 하면서 가족이 다 함께 모여 책을 읽으면, 한 주의 스트레스를 푸는 시간도 될 수 있다.

가족끼리 하는 묵독 파티가 자리를 잡게 되면, 가까이 지내는 다른 가족이나 책을 좋아하는 친구들도 초대해보자. 같은 책을 읽고 와서 이야기를 나누는 기존의 독서 토론 모임과는 달리, 같은 공간에서 책을 읽지만 각자 좋아하는 책을 읽을 수 있으니 개인적이면서도 함께하기를 원하는 요즘 세대와도 잘 맞는 책 읽기 방법이다.

아날로그식 읽기로 천천히 책 읽는 맛에 빠진다면, 함께하는 책 읽기의 즐거움을 알게 된다면, 스마트폰 대신 다 같이 책 읽는 가족을 점점 많이 만날 수 있지 않을까.

3

# 책장의 변신, 책 큐레이션

요즘 '미니멀리즘'이라는 말이 많이 들린다. 불필요한 군더더기들은 과감하게 줄이고, 내 생활에 꼭 필요하고 의미 있는 것들만 남겨 단순하게 사는 삶 속에서 행복과 만족을 찾자는 의미에 공감해 나도 실천해보려 애쓰고 있다. 우선 집에서 잘 쓰지 않는 물건과 옷을 정리하면서 나에게 꼭 필요한 옷인지, 특별한 의미가 있는 물건인지 스스로에게 물어보고, 남길 것과 처분해야 할 것을 구분해보았다. 이렇게 옷장이며 다른 곳들은 차츰차츰 정리가 되어가는데, 여전히 숙제로 남아 있는 곳이 있으니 바로 우리 집 책장이다.

아이들이 크면서 사 모으기 시작한 책은 점점 쌓여서 책장이 모자라고, 엄마 아빠가 수십 년 전에 사서 한 번도 들춰 보지 않는 책들은 먼지가 쌓여가고……. 가족의 책장은 그야말로 책 쌓아두는 창고처럼 되기 일쑤다. 이렇게 복잡하고 쓸모없는 책 수납공간이 아니라, 비울 건 비우고 분류할 건 분류해서 특별한 의미가 담긴 책장을 만들어보면 좋겠다는 생각을 해보았다.

최근 서점가의 트랜드는 주제별로, 대상 독자별로 책을 골라서 전시하는 책 큐레이션(Book Curation)이 대세! 바쁘게들 사느라 시간은 없고, 워낙 많은 책이 쏟아져 나오는 시대에 어떤 책을 읽어야 할지 고민하는 독자들에게 박물관이나 미술관의 큐레이터처럼 책도 맞춤형으로 골라주는 역할이 필요하기 때문이다.

집에서도 가족들이 북 큐레이터가 되어 책장에 중구난방으로 꽂혀 있는 책들을 정리해 큐레이션을 해보면 어떨까. 그리고 가족에게 맞는 주제를 정해 큐레이션을 해본다면, 꽤 근사한 서재를 우리 집에도 만들 수 있다.

## » 책 큐레이션 3단계

'책 큐레이션? 우리 집에서 그런 걸 할 수 있겠어?' 막상 엄두가 나질 않는다. 하지만 다음에 설명하는 3단계를 차근차근 밟아나간다면 그리 어렵지 않으니, 일단 시작해보자.

### 1단계 - 책장 비우기

책 큐레이션은 집에 있는 책들만으로 할 수도 있고, 관심 있는 주제를 정해서 새롭게 책을 찾아서 큐레이션을 해볼 수도 있다. 책장이 단순히 책을 쌓아놓는 수납 장소가 아니라 의미 있는 공간이 되도록 하기 위해 가장 먼저 할 일은 책 비우기! 더 이상 보지 않는 책들을 정리하는 것부터 시작해보자.

책장을 둘러보면 아이들 책이 더 많이 꽂혀 있는 집이 많을 것이다. 아이들이 안 본다고 생각하는 책들을 엄마 아빠 마음대로 버리지 말고, 아이들과 함께 정리해보자. 엄마 아빠에겐 하찮아 보이는 책들이 아이들에겐 어렸을 때의 추억이 담긴 소중한 것일 수도 있으니 말이다. 책장 정리를 하면서 아이들과 두런두런 책 이야기를 나누는 것도 놓칠 수 없는 큰 수확이다.

**책장 비우기, 이렇게 하자**

① 엄마 아빠의 책과 아이들이 읽었던 책 가운데 꼭 남기고 싶은 책들을 따로 골라놓는다.

② 고르고 남은 책들은 책장에서 과감하게 빼서 정리할 상자에 담는다.

③ 책장에서 뺀 책은 기증하거나 어린이책은 또래 아이가 있는 친척과 이웃에게 준다.

### 2단계 - 책장 주제 정하기

책장을 비웠으면 이제 남은 책들을 분류해서 큐레이션 할 차례! 우선 책을 분류할 주제를 정한다. 주제는 가족마다 다를 수 있으니 아이와 함께 머리를 맞대고 정해보자.

이때 아이들에게만 해보라고 하지 말고, 엄마 아빠의 서가도 만들어보면 어떨까. 부모가 먼저 앞장서는 모습을 보이면 아이들도 더 신나게 함께할 수 있다.

**주제별 책장의 예**

| 엄마 아빠의 책장 | 아이의 책장 |
|---|---|
| • 엄마가 고른 인생 책 | • 어릴 때 읽은 베스트 그림책 |
| • 아빠가 ○○에게 물려주고 싶은 책 | • 올해 읽은 책 모음 |
| • 일독일행책 – 요리, 만들기 등 | • 교과서 연계 도서, 학교 필독 도서 |
| • 우울할 때 읽으면 기분이 좋아지는 책 | • 친구들에게 권하고 싶은 청소년 소설 |
| • 아이를 잘 키우게 도와주는 책 | • 진로 찾기에 길잡이가 되는 책 |

만약 주제를 찾기 어렵거나 책을 주제별로 나누기가 어렵다면 좀 더 쉽게 용도별·분야별로 구분할 수도 있다.

**용도별 책장의 예**

| | |
|---|---|
| **우리 집 추천 도서 책장** | 가족들이 읽은 책 가운데 베스트 책을 골라서 꽂는 책장으로, 책 표지를 인쇄해서 벽에 붙여도 좋고, 강추하는 책은 전면 진열 책장에 표지가 잘 보이게 세워놓아도 좋다. |
| **신규 책장** | 새로 산 책이나 사놓고 아직 못 읽었지만 앞으로 읽을 책을 모아두는 책장 |
| **공부 책장** | 사전, 참고서, 교과서, 공부법 책 등 공부에 도움 되는 책을 모아두는 책장 |

**분야별 책장의 예**

문학(소설, 동화, 시, 수필) / 인문·사회 / 역사 / 과학 / 예술

### 3단계 - 책 채우기

책장의 주제를 정했다면 온 가족이 다 함께 날을 정해 주제별로 책장에 꽂아보자. 본격적으로 주제에 맞게 우리 집 책을 전시하는 책 큐레이터가 되어볼 수 있다.

**책 채우기, 이렇게 하자**

① 책장 칸마다 주제를 예쁘게 써서 붙인다. (예: 세상일에 관심 많은 은수가 고른 책, 좋은 엄마를 꿈꾸는 한경 씨의 추천 책, 운동을 좋아하는 준수를 위한 책)

② 집에서 가장 넓은 공간 바닥에 주제를 써놓은 종이를 하나씩 놓는다.

③ 책장에서 책을 골라서 각 주제별 자리에 가져다 놓는다. (분류에 딱 맞지 않는 책들은 따로 쌓아놓는다.)

④ 분류한 책을 해당 주제의 책장 칸에 꽂는다. 이때 책을 꽂는 위치도 중요하다. 아이의 책들은 아이의 눈높이에 맞게 꽂는다면 아이가 좀 더 쉽게 책을 가까이할 수 있다.

⑤ 너무 빽빽하게 꽂지 말고 70~80%만 채우고 나중에 책을 더 꽂을 여유 공간을 남긴다.

## » 큐레이션의 꽃, 주제 정하기

책을 비우고, 책장 주제를 정하고, 주제에 맞게 책을 채우는 책 큐레이션 방법을 알아보았다. 이 중에서 핵심은 주제 정하기! 가족들이 함께 관심 있는 주제를 정해 책을 새롭게 찾아 큐레이션 서가를 만들어보자. 집에 있던 책으로 큐레이션을 하는 것보다 훨씬 다양하고 폭넓게 주제를 잡아볼 수 있다. 또 1년 내내 같은 주제로 큐레이션을 하기보다는 몇 달에 한 번씩 주제를 바꾸어 큐레이션을 해본다면 더욱더 다양하고 새로운 책들을 만날 수 있다.

### 가족의 관심사에 따라

엄마, 아빠, 아이가 어떤 걸 좋아하는지, 가족들이 공유하는 관심사는 무엇인지 생각해보고 거기에 맞는 책을 찾아본다면 근사한 책 큐레이션 주제가 팍팍 떠오를 것이다.

가족의 관심사가 '여행'이라면, 가고 싶은 여행지를 배경으로 한 책을 찾아보자. 여행지에 대한 책을 미리 보고 가면 더 기억에 남는 여행이 된다.

**제주도 여행을 준비하고 있다면**

《순이 삼촌》 (현기영 지음, 창비)

《구럼비를 사랑한 별이의 노래》 (김선우 외 지음, 단비)

《제주도에서 아이들과 한 달 살기》 (전은주 지음, 북하우스)

《우리들의 보물섬, 제주도》 (황선미 지음, 조선북스)

《아하! 제주도》 (국립제주박물관 지음, 디자인나눔)

《제주도 올레 & 오름 걷기여행》 (길을찾는사람들 엮음, 황금시간)

《제주도의 선물: 나만의 여행사진 잘 찍는 법》 (임양환 지음, 소동)

《올드독의 맛있는 제주일기》 (정우열 지음, 어떤책)

《제주 카페》 (콘텐츠그룹 재주상회 지음, 콘텐츠그룹 재주상회)

### 절기나 시사 문제에 따라

해마다 장마철이 오면 윤흥길의 〈장마〉라는 소설이 생각난다. 장마철 동안 일어난 이야기를 담은 작품으로, "지루한 장마였다."로 끝나는 마지막 문장도 참 인상적이다. 그리고 눈 오는 겨울이 되면 생각나는 소설은 〈설국〉. 눈 올 때 읽으면 더욱 제맛이 난다. 이처럼 절기에 따라 읽는 책 큐레이션으로 그 계절을 생생하게 느낄 수 있다. 또 그때그때 일어나는 시사 문제에 따라 책을 찾아보는 것도 사회 문제에 관심 가지고 생각해볼 수 있는 좋은 방법이다.

**절기에 따라 책 고르기**

봄, 여름, 가을, 겨울을 느낄 수 있는 책 / 과학의 달에 읽는 과학책 / 크리스마스에 어울리는 책 등

**시사 문제에 따라 책 고르기**

- 계란 살충제 파동으로 불안하다면 – 동물 사육 방법에 대한 책 / 채식과 육식에 대한 책 등
- 대통령선거 기간이라면 – 정치제도에 대한 책 / 국내외 존경받는 대통령의 자서전 등

### 자녀의 진로를 찾아서

청소년기는 진로를 본격적으로 고민하는 시기다. 아이가 관심 있어 하는 분야의 책으로 진로 서가를 만들면 앞으로 진로를 구체화해나가는 데 든든한 이정표 역할을 할 수 있다.

예를 들어 자동차에 관심 많은 아이라면 자동차 기술과 공학을 다룬 책, 자동차의 역사, 자동차 디자인, 자동차를 통해 본 브랜드와 마케팅 책 등 다양하게 찾아볼 수 있다.

**자동차와 관련되는 진로 책**

《자동차, 시대의 풍경이 되다》 (이문석 지음, 책세상)

《자동차 구조 교과서》 (아오야마 모토오 지음, 김정환 옮김, 보누스)

《자동차 디자인 북》 (조경실 지음, 길벗)

《자동차는 인간과 더불어 진화한다》 (자동차와인간학 연구회 지음, 구민사)

《자동차 그리는 여자》 (조진영 지음, 열림원)

《세상을 바꾼 50가지 자동차》 (디자인 뮤지엄 지음, 권규혁 옮김, 홍디자인)

《자동차의 역사》 (쿠르트 뫼저 지음, 김태희·추금환 옮김, 뿌리와이파리)

《고종 캐딜락을 타다》 (전영선 지음, 인물과사상사)

《그 남자의 자동차》 (신동헌 지음, 세미콜론)

### 장소에 따라

《책의 소리를 들어라》라는 책에도 소개된 일본의 북 큐레이터 하바 요시타카는 서점과 도서관은 물론 병원, 미용실, 은행, 스포츠 매장 등 책과는 전혀 상관이 없을 것 같은 공간에도 그곳에 어울리는 북 큐레이션을 한다고 한다.

이처럼 우리 집에서도 책을 둘 장소를 다양하게 생각해보면 어떨까. 큐레이션을 하고 싶은 책은 많은데 책장이 비좁다면, 꼭 책장을 고집할 필요는 없다. 주방도 좋고, 화장실이나 신발장 위도 좋고, 책을 놓을 수 있는 공간이라면 어디든 가능하다. 주방에는 요리나 먹거리에 관한 책들, 화장실에는 볼일을 보면서 가볍게 읽을 수 있는 잡지나 짧은 수필집을 두어도 좋고, 공간에 제한을 두지 말고 생각을 자유롭게 펼쳐보자. 금방 시드는 꽃 대신 오래 두고 볼 수 있는 책으로 집 안 곳곳을 채워본다면 우리 집이 더 멋지게 변신할 수 있다.

## » 책 큐레이션의 장점

### 독서 방법 업그레이드

책 큐레이션의 첫 번째 좋은 점은 책을 싫어하는 사람도 좋아하게 된다는 것이다. 책은 질색하지만 축구는 자다가도 벌떡 일어날 정도로 좋아하는 아이가 있는데, 그 아이의 책상 위에 축구를 소재로 한 책을 슬쩍 놓아보면 아이의 반응은 어떨까? 무슨 책인지 궁금해서 한 번은 들춰 볼 것이다. 한 장 두 장 보다가 재미있으면 더 읽을 테고, 이렇게 책 읽기가 시작될 수 있다. 책을 못 읽는 사람은 없다. 다만 좋아하는 책을 못 찾았을 뿐이다. 좋아하는 분야의 책을 고르는 책 큐레이션은 책을 싫어하는 사람도 좋아하게 되는 마법을 부릴 수 있다.

두 번째는 무조건 많이 읽기보다 나에게 맞는 책을 읽는다는 것이다. 엄마들이 모이는 한 인터넷 카페에서 자신의 아이가 읽은 책의 권수를 경쟁하듯 써서 올리는 걸 본 적이 있다. 학교에서도 책을 많이 읽으면 칭찬 스티커에 다독상도 주니 권수에 집착하는 경우가 많다. 하지만 무조건 많이 읽는다고 좋은 걸까? 책을 대충대충 열 권 읽는 것보다 자신이 좋아하는 책 한 권이라도 곱씹어 읽고 내 것으로 만드는 게 훨씬 더 의미 있는 책 읽기다. 책을 큐레이션 하면 무조건 많이 읽어야 한다는 부담을 줄이고 나에게 맞는 책을 차근차근 찾아 읽을 수 있다. 책도 양보다 질! 얼마나 많이 읽었느냐가 아니라 얼마나 내게 와닿았는지를 좋은 독서의 잣대로 삼아보자.

세 번째 좋은 점은 책을 더 폭넓게 읽게 해준다는 것이다. 취향에 맞춰 맨날 읽던 종류의 책만 읽지 않을까 걱정하는 사람도 있는데, 책 큐레이션은 특정한 책만 편독하게 하는 목적이 아니다. 오히려 좋아하는 분야의 책을 읽다 보면 그 책에 나온 내용이나 인용된 책이 궁금해져서 다른 책도 찾아보게 되는 꼬리 물기 독서를 하게 된다는 사실! 공룡에 대한 책을 읽다 보면 인류의 역사에 대해서도 궁금해지는 것처럼, 관심 있는 영역들을 넘나들고 연결시켜 책을 읽으니 더 폭넓게 읽고 더 깊이 파고들 수 있다. 큐레이션을 한 책 읽기로 생각 주머니가 점점 커지는 경험을 해볼 수 있는 것이다.

### 큐레이션 한 책으로 활용 만점

책 큐레이션을 하면 책장이 나만의 지식 저장소가 된다. 컴퓨터 바탕화면을 보면 파일이 중구난방으로 흩어져 있을 때가 많다. 그걸 볼 때마다 머리도 뒤죽박죽되는 것 같아 가끔씩은 필요 없는 파일은 정리하고, 폴더를 만들어서 비슷한 내용의 파일은 묶어주면 훨씬 활용하기가 좋아진다. 이처럼 여기저기 흩어져 있는 책들도 큐레이션을 해서 정리해보면 필요한 책을 바로바로 한눈에 볼 수 있고 활용할 수 있는 나만의 지식 저장소가 된다. 중·고등학생들은 생활기록부에 독서 기록을 올려야 하는

데, 책을 읽고 기록을 해두지 못했더라도, 큐레이션 해서 책장에 꽂힌 책들만 보아도 읽은 책 목록을 알 수 있다.

또 책 큐레이션을 하면 나와 함께 성장하는 책들을 만날 수 있다. 시시각각 살아가는 환경도 변하고, 아이들도 크고, 관심사도 계속 변한다. 그런데 우리 집 책장에 꽂힌 책은 만고불변 요지부동? 변화하는 나에 맞게 읽는 책도 달라져야 하지 않을까. 책을 큐레이션 해보면 더 이상 보지 않는 책들은 정리하고, 새롭게 끌리는 책들을 채워 넣으면서 나와 함께 성장하는 책장을 만들 수 있다. 책장이 더 이상 안 보는 책을 수납하는 먼지 쌓인 창고가 아니라 살아 숨 쉬는 공간이 되는 것이다.

그리고 다음에 읽을 책을 고를 때 이정표가 되기도 한다. 주제별로 분류된 책장을 한번 쭉 훑어보면, '우리 남편은 이런 책을 좋아하네.' '우리 아이는 이런 데 관심이 많구나.' 하면서 가족의 책 취향과 관심사를 파악할 수 있다. 가족들이 좋아하는 음식이 뭔지 알면 다음에 먹을 메뉴를 짜는 데 도움이 되듯이, 책도 취향이 파악되면 다음에 읽을 책을 고르는 데 좋은 이정표가 된다. 다음에 읽을 책도 부모가 골라주기보다 큐레이션 한 책장을 보면서 아이들에게 직접 찾아보게 하자. 읽을 책을 고르고 찾는 과정을 함께한다면 더 적극적인 독자가 될 수 있다.

**큐레이션 한 책 나누기**

책을 큐레이션 해서 정리해보면 책장에 꽂힌 책 목록만 적어도 우리 집 추천 도서 목록이 된다. 이런 근사한 책 목록은 우리 가족만 보기엔 아깝다. 책을 소개하는 일은, 친구에게 내가 좋아하는 또 다른 친구를 소개하는 것만큼 기쁘고 설레는 일이다. '우리 집 추천 도서 목록'을 종이에 예쁘게 인쇄해서 지인이나 아이의 친구들에게 나누어주어도 좋고, 블로그나 SNS를 통해 공유하면 '좋아요!'라는 뜨거운 호응을 듬뿍 받을 수 있을 것이다.

생일 선물, 졸업·입학 선물 등 주변에 소소하게 선물을 할 일이 많은데, 큐레이션으로 정성껏 고른 우리 집 추천 도서를 선물해보면 어떨까. 이 책이 왜 좋은지, 책 추천 이유가 적힌 카드를 함께 넣는다면 받는 이가 선물 받은 책을 더 뜻깊게 읽을 수 있다.

**실천 다이어리**

- 가족들 각자가 원하는 책장 주제를 써보고, 그중에 골라서 정해보세요.
- 책장 정리 기간을 의논해보고, 책장 비우는 날과 책 채우는 날을 정해보세요.
- 책장에 골라 꽂은 책을 보면서 우리 가족의 추천 도서 목록을 적어보세요.
- 새롭게 정한 주제에 맞는 책을 구입해서 집 안 곳곳에 큐레이션을 해보세요.

셋

# 책 여행 떠나기

미국의 한 여행사가 '18번의 여름!'이라는 프로모션 타이틀을 내건 적이 있다. 아이들이 성인이 되기 전에 부모와 함께 보내는 여름은 열여덟 번뿐이라는 것이다. 아이들과 함께하는 시간이 생각보다 많지 않은 만큼 좋은 추억을 더 많이 만들어야겠다는 생각이 든다.

아이와 진한 추억을 만들 수 있는 가장 좋은 기회는 뭐니 뭐니 해도 여행이다. 그런데 아이들이 중·고등학생이 되면 입시 공부가 최우선 순위가 되니 가족 여행은 점점 더 뒷전으로 밀려나게 된다. 하지만 사춘기 아이들을 키워보니, 오히려 아이들이 클수록 여행이 더욱더 필요하다는 걸 느꼈다. 집에 오면 방문 닫고 들어가기 일쑤라 얼굴 보기도 힘든 아이들과 부모가 같이 바람 쐬면서 쌓인 스트레스도 풀고 대화도 하면서 여유를 찾아야 할 때가 바로 사춘기 시기다.

막상 여행을 가기로 마음을 먹어도 어디를 가야 할지 막막할 때가 많다. 그럴 때 책을 키워드로 한 여행으로 눈을 돌려보면 어떨까. 문학 작품 속의 배경지나 작가가 살았던 곳을 찾아가는 문학 여행도 좋고, 특색 있는 서점이나 멋진 도서관 구경도 부담 없이 떠날 수 있는 방법이다.

일단 부담 없는 곳, 가까운 곳부터 시작해보자. 서점이나 북카페도 좋고, 까칠한 사춘기 아이들과 모처럼 따뜻한 시간을 보낼 수 있다면 어디든 좋다. 여기에서 소개하는 책 여행 정보들을 보면서 즐거운 나들이 계획을 세워보자.

1

# 책 따라 길 따라, 문학 기행

문학 기행을 떠나기 전에 책을 읽어보면 더 좋겠지만, 못 읽어도 일단은 떠나보자. 직접 가보면 관련된 책을 읽어보고 싶은 마음도 들게 된다. 근처의 명소나 맛집 등도 빼놓지 말고 코스를 짜본다면 문학에 관심 없는 아이들도 솔깃할 수 있다.

요즘은 지방자치단체마다 관련된 작가와 작품들을 발굴해 문학관이나 문학 마을 등을 잘 조성해놓아서 가볼 곳이 많아졌다. 그 중에서도 아이들이 교과서에서 접할 수 있는 작가와 작품 위주로 소개해보겠다.

## » 작가를 찾아서

### 한용운

서울에서도 한적한 동네인 성북동은 맛집이나 고즈넉한 카페가 많은 동네다. 또한 한용운, 조지훈, 이태준, 박태원, 염상섭, 김광섭, 장승업, 김환기 등 문화예술인들이 창작 활동을 펼친 곳이라 문인들의 발자취를 따라 문학 여행을 떠나기에 좋다.

**심우장 (서울특별시 성북구 성북로29길 24)**

심우장(尋牛莊)은 독립운동가이자 시 〈님의 침묵〉으로 유명한 한용운 시인이 말년을 보내다 세상을 떠난 곳이다. 일본식 호적을 만들 수 없다는 이유로 평생 전국을 떠돌던 한용운 시인에게 지인들이 지어준 집으로, 남쪽에 일제 총독부가 있다는 이유로 북향으로 지었다는 일화가 있다. 여기에서 한용운 시인은, 그토록 바라던 광복을 보지 못하고 1944년 67세의 나이로 세상을 떠났다.

길상사 수연산방 최순우 옛집

### 성북동 고택 · 북촌 산책길

심우장을 간다면 성북동의 다른 볼거리들도 함께 찾아가보자. 성북동 산책길에서는 법정 스님이 거처했던 길상사, 월북 작가 이태준이 살았던 수연산방, 시민 기금으로 매입해 보존하고 있는 최순우 옛집 등을 만날 수 있다.

## 윤동주

윤동주는 암울한 일제강점기의 슬픔을 서정적으로 담아낸 시로 널리 사랑받고 있는 시인이다. 시뿐만 아니라 소설, 영화, 뮤지컬 등 다양한 장르에서 그의 삶과 시를 만날 수 있으며, 윤동주의 삶을 랩으로 만든 노래가 음원 차트 1위를 차지하기도 했다. 이처럼 아직도 많은 사랑을 받고 있는 윤동주 시인을 만나러 떠나보자.

### 윤동주 문학관 (서울특별시 종로구 창의문로 119)

옛 수도 가압장과 물탱크를 개조해 만든 곳으로, 윤동주에 관한 다양한 자료를 전시하고 있다. 가까운 서촌에는 윤동주가 연희전문학교 시절 하숙했던 집터가 남아 있으니, 윤동주 문학관과 하숙집 터도 찾아보면서 서울에서 뜨는 동네인 부암동과 서촌 나들이까지 함께 해보자.

### 윤동주 시비, 핀슨홀 윤동주 기념실 (서울특별시 서대문구 연세로 50)

윤동주가 다녔던 연세대학교(당시 연희전문) 교정에는 윤동주 시비가 있고, 시비 뒤편의 오래된 벽돌 건물인 핀슨홀은 윤동주가 2년간 생활했던 기숙사 건물이다. 이곳에는 윤동주 시인의 책상과 육필 원고 등을 볼 수 있는 '윤동주 기념실'이 있다.

### 윤동주 생가, 묘소 (중국 용정)

윤동주는 만주 북간도에서 태어나 어린 시절을 중국 용정에서 보냈다. 용정에는 윤동주가 다녔던 중학교와 윤동주 생가, 윤동주 묘소가 있어 윤동주를 사랑하는 여행객들의 발길이 끊이지 않는다. 조금 멀리 있지만, 우리 민족이 살았던 용정으로 윤동주를 만나러 가는 여행도 기회가 된다면 계획해보자.

### 영화 〈동주〉

일제강점기, 평생을 함께한 친구이자 라이벌이었던 윤동주와 송몽규의 삶을 담은 영화이다. 활자보다는 영상이 더 와닿는 아이들과 영화를 함께 보면서 윤동주 시인을 만나보는 것도 좋은 방법이다. 개봉 당시 100만 명 이상의 관객을 모아 저예산 영화로는 호평을 받았다.

## 김수영

〈풀〉은 김수영 시인의 시 가운데 가장 알려진 시로, 그의 사망 1주기에

시민들이 성금을 모아서 도봉산 기슭에 세운 시비에 시인이 자필로 쓴 〈풀〉의 두 번째 연(풀이 눕는다 / 바람보다 더 빨리 눕는다 / 바람보다도 더 빨리 울고 / 바람보다 먼저 일어난다)이 새겨져 있다. 김수영은 통제와 억압의 시대에 자유와 저항을 부르짖던 작가로, 그가 생전에 창작 활동을 하던 도봉구에 문학관이 있다.

**김수영 문학관 (서울특별시 도봉구 해등로32길 80)**

김수영의 시 작품과 장서, 유물 등을 만날 수 있으며, 시 낭송회 등을 할 수 있는 강당도 대관할 수 있다.

### 김유정

김유정은 1935년 조선일보 신춘문예에 1등으로 당선된 후 건강이 악화되어 1937년 29세의 젊은 나이로 세상을 떠났다. 하지만 불과 2년 동안 〈금 따는 콩밭〉, 〈봄봄〉, 〈동백꽃〉, 〈만무방〉 등 30편에 가까운 작품을 남길 만큼 창작열을 불태운 작가였다. 농촌을 배경으로 해학적이면서 따뜻한 인간미가 넘치는 소설로 호평을 받고 있는 김유정 작가의 고향 춘천에는 사람의 이름을 딴 최초의 기차역인 '김유정역'이 있고, 그 역에서 도보로 5분 거리에 '김유정 문학촌'이 있다.

**김유정 문학촌 (강원도 춘천시 신동면 김유정로 1430-14)**

김유정 기념 전시관과 복원된 생가가 있고, 소설 속 장면을 형상화한 조각들도 곳곳에서 볼 수 있다. 문학촌 근처의 금병산 자락에는 이야기 열여섯 마당과 만날 수 있는 '실레 이야기길'도 있다.

### 정지용

정지용 시인은 한국전쟁 이후 행방불명되었는데, 월북 작가로 낙인이 찍혀 빛을 보지 못하다가 1988년 해금이 되고 나서 다시 주목을 받게 되었다.

"넓은 벌 동쪽 끝으로 옛이야기 지줄대는 실개천이 휘돌아 나가고, 얼룩백이 황소가 해설피 금빛 게으른 울음을 우는 곳, 그곳이 차마 꿈엔들 잊힐 리야……" 정지용의 시 〈향수〉를 가사로 한 이 노래는 많은 사랑을 받았는데, 정지용 시인의 고향 옥천은 그의 시를 떠올리게 하는 아름다운 고장이다.

### 정지용 생가 (충청북도 옥천군 옥천읍 하계리 40-5)

정지용은 1902년, 시 속에 나오는 실개천가에서 태어났다. 생가는 정지용이 살았던 때의 모습을 그대로 재현해놓아 따뜻하고 정겨운 고향 집처럼 느껴진다. 생가 주변 실개천에 놓인 다리에는 정지용의 시들이 걸려 있고, 마을의 집집마다 벽화 속에 정지용의 시구들이 있는 시인의 마을이다.

### 정지용 문학관 (충청북도 옥천군 옥천읍 향수길 56)

정지용 생가 앞에 정지용 동상과 정지용 문학관이 있다. 영상 시화, 시 낭송 체험실 등이 있어 책으로만 공부하는 시가 아니라 정지용의 시 세계를 오감으로 느낄 수 있는 곳이다.

### 죽향초등학교 (충청북도 옥천군 옥천읍 향수1길 26)

향수공원 가까이에는 정지용 시인이 다녔던 죽향초등학교가 있다. 1909년 개교해서 지금까지 100년이 넘는 전통을 지닌 학교로, 새로 지은 학교 한편에 옛날 학교 건물이 보존되어 있다. 옛 교사는 방학 기간을 제외하고 '옥천교육역사관'으로 개방하고 있다.

#### 향수 30리

정지용의 시 19편을 주제로 꾸며졌다. 정지용의 시와 그림을 보며 산책을 즐길 수 있는 길로, 금강을 주제로 예술가 100여 명이 참여한 공공 프로젝트들도 만날 수 있다.

## 심훈

국어 교과서에 빠지지 않고 실리는 소설 〈상록수〉를 지은 심훈은 독립운동가이자 신문기자, 소설가, 시인, 영화인으로도 활동했던 다재다능한 작가이다. 일제강점기에도 소신을 굽히지 않고 36년간의 짧은 생애를 불꽃같이 살았던 심훈은 신문기자로 일하다가 고향인 당진에 내려가 '필경사(筆耕舍)'라는 집을 직접 설계하여 짓고 그곳에서 집필 활동을 했다.

#### 필경사 (충청남도 당진시 송악읍 상록수길 97)

일자형 초가지붕에 황토를 바른 소박한 집으로, '필경(筆耕)'은 붓으로 논과 밭을 일구듯 글을 쓰고자 했던 뜻이 담겨 있다. 심훈은 이 집에서 장편소설 〈상록수〉를 52일 만에 탈고했다고 한다. 필경사의 오른쪽으로는 심훈의 유품을 전시하고 있는 '심훈 기념관'이 있다. 심훈 기념관 내에 있는 '상록수 문화관' 뜰에서 보이는 아산만과 서해대교 전망도 놓치지 말아야 할 볼거리다.

### 이육사

"내 고장 칠월은 / 청포도가 익어가는 시절"로 시작하는 이육사의 시 〈청포도〉는 교과서에 빠지지 않고 수록되는 시이며, "다시 천고의 뒤에 / 백마 타고 오는 초인이 있어 / 이 광야에서 목 놓아 부르게 하리라"로 끝을 맺는 시 〈광야〉도 유명하다.

1904년 경북 안동에서 태어난 이육사의 본명은 이원록이다. 독립운동을 하면서 옥고를 치르던 때 미결수 번호가 264번이었는데 그 수감 번호를 따서 호를 '육사(陸史)'라고 하였으며, 지금까지도 그의 본명보다는 이육사로 알려져 있다.

**이육사 문학관 (경상북도 안동시 도산면 백운로 525)**

일제강점기에 열일곱 번이나 옥살이를 했던 이육사의 흩어져 있는 자료와 기록을 한 곳에 모아놓은 문학관이다. 문인이자 독립운동가로서의 업적을 정리해 그의 출생지인 원천리 불미골에 전시관을 짓고, 야외에는 이육사의 생가 '육우당(六友堂)'을 복원해놓았다.

### 권정생

1937년 일본에서 태어난 아동문학가 권정생은 광복 직후 한국으로 돌아와 1980년 이후 경북 안동의 작은 흙집에서 25년간을 살면서 어린이들을 위해 주옥같은 작품들을 썼다. “좋은 동화 한 권은 백 번 설교보다 낫다.”라는 그의 말처럼 〈강아지똥〉, 〈엄마까투리〉, 〈몽실언니〉 등 마음을 울리는 150여 편의 동화와 100여 편의 동시·동요를 남겼으며, 〈강아지똥〉은 뮤지컬과 애니메이션으로 만들어지기도 했다.

베스트셀러 작가로 수입은 늘어났지만, 권정생은 평생을 낡은 옷을 입고 검정 고무신을 신으며 가난하게 살았다. 권정생은 자신을 위해서는 쓰지 않고 아껴 모은 유산 10억 원과 인세를 소외된 어린이들을 위해 모두 기부하고 세상을 떠났다.

**권정생이 살던 집 (경상북도 안동시 일직면 조탑안길 57-12)**

가난과 병마에 시달리던 젊은 날의 권정생은 교회 문간방에 얹혀살면서 매일 새벽에는 줄을 당겨 종을 울리고 밤이면 글을 썼다. 그러다가 동네 청년들이 권정생 선생을 위해 동네에 7평짜리 집을 지어주었고, 여기에서 1983년부터 세상을 떠날 때까지 살았다.

**권정생 동화나라 (경상북도 안동시 일직면 성남길 119)**

권정생이 살던 집에서 10분 거리에 위치한 폐교된 초등학교를 고쳐 지은 문학관으로, 유품과 주요 작품들을 한자리에서 볼 수 있다.

## 박경리

박경리의 대표작《토지》는 4세대에 걸친 최 참판 댁의 가족사와 함께한 마을의 운명을 평사리에서 북간도, 중국 대륙까지 무대로 해서 방대하게 담은 소설로, 1969년 집필을 시작하여 26년 만에 완결되었다.《토지》는 일본, 프랑스, 영국 등에서도 출판되고 몇 차례 영화와 드라마로도 제작되면서 널리 사랑받았으며 우리 문학사에서 큰 획을 그은 작품이다.

통영에서 나고 자란 박경리는《김약국의 딸들》을 비롯해 여러 소설에서 통영을 무대로 삼았다. 30대에 통영을 떠난 후 서울 생활을 거쳐 원주에서 말년을 보낸 박경리의 발자취는 원주에서도 만날 수 있다.

**박경리 기념관, 공원, 묘소 (경상남도 통영시 산양읍 산양중앙로 173)**

바다가 바라다보이는 박경리 묘소 주변으로, 산책하기 좋은 '박경리 공원'과 박경리의 소설 《김약국의 딸들》에 나오는 통영의 옛 모습을 복원한 모형, 그리고 친필 원고와 유품 등을 전시해놓은 '박경리 기념관'이 모여 있다.

**박경리 문학공원 (강원도 원주시 토지길 1)**

박경리가 1980년부터 말년까지 정착해서 살았던 원주에는 '박경리 문학공원'이 있다. 그가 살던 집과 손수 가꾸던 뜰, 그리고 집필실을 그대로 보존하고 있으며, 소설 《토지》의 배경지에서 따온 '평사리마당, 홍이동산, 용두레벌'로 꾸며진 테마공원도 있다.

## 정약용

다산 정약용은 조선 후기 대표적 실학자로, 강진에서 18여 년 동안 유배 생활을 했다. 1808년 강진으로 거처를 옮긴 후 유배 생활 중 10여 년 동안을 다산초당에서 생활하면서 제자들을 가르치고 《목민심서》, 《경세유표》 등 600여 권의 책을 저술했다.

**다산초당** (전라남도 강진군 도암면 다산초당길 68-35)

다산초당에는 정약용이 거처하던 동암, 제자들이 거처하던 서암, 다산이 직접 글자를 새긴 정석바위, 고향의 그리움을 달래던 정자 등이 있다.

**다산 기념관** (전라남도 강진군 도암면 다산로 766-20)

다산초당에서 남쪽으로 700미터 정도 거리에 있는 다산 기념관에서는 강진에서 유배 생활을 했던 정약용의 생애와 업적을 살펴볼 수 있는 다양한 전시물과 유물을 만날 수 있다.

### 김영랑

우리에게 잘 알려진 〈모란이 피기까지는〉, 〈돌담에 속삭이는 햇발같이〉 등의 시를 쓴 김영랑은 47년의 생애 동안 시 80여 편을 발표했다. 그 가운데 60여 편은 강진의 고향 집에서 쓴 것이다. 생가의 마당에는 모란이 심어져 있어, 영랑의 시에서처럼 봄이면 모란이 피고 지는 모습을 볼 수 있다.

**김영랑 생가 (전라남도 강진군 강진읍 영랑생가길 15)**

김영랑의 생가는 1903년에 태어나 1948년 서울로 이주하기 전까지 45년간 살았던 곳으로, 다른 사람의 소유가 되었다가 1980년대에 강진군청이 그 집을 사들여 복원했다.

**시문학파 기념관 (전라남도 강진군 강진읍 영랑생가길 14)**

김영랑 생가 옆에는 김영랑이 활동했던 시문학파를 소개하는 기념관이 있다. '시문학파'란 1930년에 창간된 시 전문지 《시문학》에 참여하면서 순수한 서정시를 지향했던 시인들을 일컫는다.

## 윤선도

윤선도는 20년의 유배 생활과 19년의 은거 생활을 하면서 자연과 더불어 살아가는 생활을 우리말 시조로 아름답게 그려낸 조선 시대의 문인이다. 윤선도의 고향인 해남과 말년을 보낸 보길도에서 그의 자취를 만날 수 있다.

해남 땅끝마을에서 배를 타고 들어가는 보길도는 병자호란 때 청나라에 항복했다는 소식을 듣고 윤선도가 세상과 인연을 끊고 살기 위해 제주도로 향하다가 들렀던 섬인데, 보길도에 반해 세상을 떠날 때까지 살았다.

윤선도는 보길도에서 많은 시를 썼는데, 대표적인 작품으로는 〈오우가〉와 〈어부사시사〉 등이 있다. 보길도의 윤선도 유적지와 함께 아름다운 남해 바다도 즐겨보자.

**고산 윤선도 유적지 (전라남도 해남군 해안읍 녹우당길 135)**

해남 윤씨의 종가 고택인 '녹우당'이 있고, 녹우당과 500년 세월을 함께한 은행나무와 비자나무 숲도 거닐어볼 수 있으며, 녹우당 가까이에는 '윤선도 유물 전시관'도 있다.

**보길도 윤선도 원림** **(전라남도 완도군 보길면 부황길 57)**

윤선도는 보길도의 모양이 연꽃을 닮았다고 '부용동'이라 이름을 짓고, 섬 곳곳에 정원과 정자를 꾸며 '윤선도 원림'으로 불린다. 세연지, 세연정, 낙서재, 곡수당, 동천석실 등 윤선도 유적지를 만날 수 있다.

### 이청준

이청준은 장흥에서 태어나 고향의 정서를 작품 속에 잘 녹여낸 작가로, 대표작 〈눈길〉과 〈축제〉, 〈선학동 나그네〉 등 20편이 넘는 작품이 고향 땅을 배경으로 탄생했고, 그의 소설을 영화로 만든 〈축제〉, 〈천년학〉도 장흥에서 촬영되었다. 장흥은 이청준을 비롯해 송기숙, 한승원 등 여러 문인을 배출한 곳으로, 알찬 문학 여행을 할 수 있는 곳이다.

**득량만 소설길**

이청준, 한승원 작가의 작품과 생애 자취가 담긴 장흥의 '득량만 소설길'을 따라 문학 여행을 해보자.

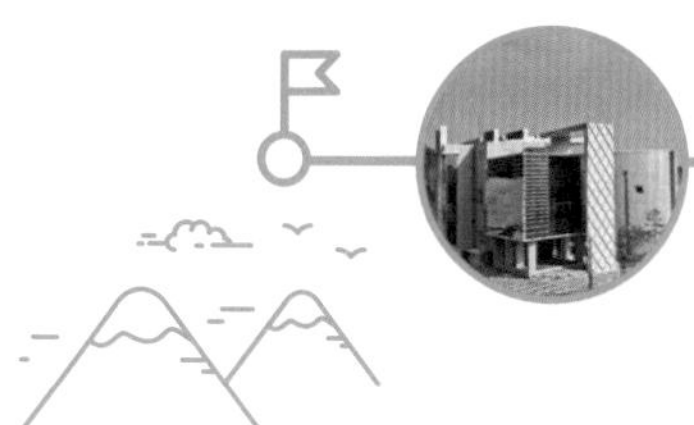

**천관문학관**
**(대덕읍 천관산문학길 160)**

이청준, 한승원, 송기숙 등 장흥 출신 문인들의 작품을 한눈에 볼 수 있다.

**천관산 문학공원**
**(대덕읍 연지리)**

**이청준 문학자리**
**(회진면 진목리 976-2)**

**이청준 생가**
**(회진면 진목1길 9-3)**

**선학동 유채마을**
**(회진면 가학회진로 1212)**

소설 〈선학동 나그네〉의 주 무대

**영화 〈천년학〉 촬영지**
**(회진면 천년학길 60)**

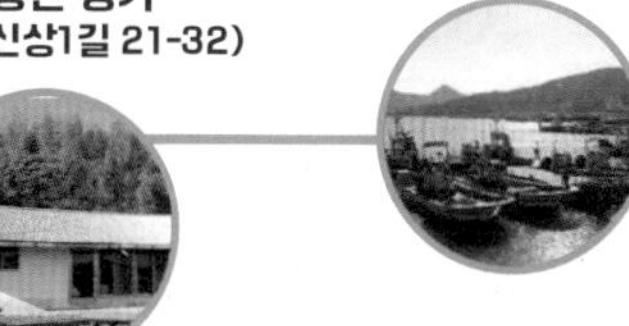

**회진 포구**
**(회진면 회진리 2205)**

한승원 소설 〈포구〉, 〈불의 딸〉 등의 배경

**한승원 생가**
**(회진면 신상1길 21-32)**

**한승원 문학 산책길**
**(안양면 여다지해변)**

**해산토굴**
**(안양면 율산문학길 43)**

한승원 작가 집필실

**황순원의 〈소나기〉 - 양평 소나기마을** (경기도 양평군 서종면 소나기마을길 24)

〈소나기〉는 1960년부터 현재까지도 국어 교과서에 수록되어 널리 사랑받는 작품으로, 양평에는 이 작품을 테마로 한 '소나기마을'이 있다. 소나기마을에서는 〈소나기〉의 주인공 소년과 소녀가 만났던 시냇물과 징검다리, 소년과 소녀가 따던 야생화 등 소설의 정취를 한껏 느낄 수 있으며, 이 마을에는 황순원 문학관과 황순원 묘소도 있다.

**박태원의 〈천변풍경〉 - 청계천 주변**

〈천변풍경〉의 무대는 복개되기 전 옛날 청계천으로, 서민들의 일상을 카메라로 들여다보듯이 기술하여 당시 문단에서 반향이 컸다.

청계천은 1958년부터 1977년까지 개천을 덮어 도로를 만들었다가, 그

후 2003년부터 복원 사업으로 고가도로가 헐리고 2005년 다시 청계천이 흐르게 되었다. 현재 청계천은 광장과 분수대, 각종 문화·예술 행사들이 열리는 도심 속 명소가 되었다.

**청계천박물관 (서울특별시 성동구 청계천로 530)**

청계천의 옛 모습과 복원 과정 등 청계천의 역사를 생생하게 살펴볼 수 있다.

### 이효석의 〈메밀꽃 필 무렵〉 - 강원도 봉평

다음은 강원도 봉평에서 대화 장터로 가는 길을 배경으로 한 소설 〈메밀꽃 필 무렵〉의 한 장면이다.

> 밤중을 지난 무렵인지 죽은 듯이 고요한 속에서 짐승 같은 달의 숨소리가 손에 잡힐 듯이 들리며, 콩 포기와 옥수수 잎새가 한층 달에 푸르게 젖었다. 산허리는 온통 메밀밭이어서 피기 시작한 꽃이 소금을 뿌린 듯이 흐붓한 달빛에 숨이 막힐 지경이다.

봉평은 메밀의 산지로, 8월 말에서 9월 초가 되면 메밀꽃이 소금을 뿌린 듯 흐드러지게 핀다. 메밀꽃 필 무렵, 봉평으로 여행을 떠나보자.

**이효석 문학관 (강원도 평창군 봉평면 효석문학길 73-25)**

이효석의 생애와 작품 세계를 한눈에 볼 수 있는 곳으로, 옛 봉평 장터 모형, 영상 등 다양한 체험을 할 수 있다. 근처에 이효석 생가와 함께 문학 정원, 메밀꽃길이 있어 산책하기에도 좋다.

**가산공원 (강원도 평창군 봉평면 창동리 544)**

가산(可山) 이효석을 기리기 위해 만든 공원으로, 이효석 동상과 문학비가 서 있고, 소설 속에 나오는 주막 등이 복원되어 있다.

**봉평 재래시장 (강원도 평창군 봉평면 동이장터길 14-1)**

매월 2일, 7일, 12일, 17일, 22일, 27일에 장이 서는데, 소설 속 허 생원처럼 장꾼들이 몰려와 시장을 연다.

### 김중미의 〈괭이부리말 아이들〉 - 인천 만석동 괭이부리마을

〈괭이부리말 아이들〉은 텔레비전 프로그램 〈느낌표〉의 '책책책 책을 읽읍시다' 코너에도 소개되어 큰 사랑을 받았던 장편 동화이다.

이 작품의 배경인 '괭이부리말'은 인천 만석동 달동네의 별칭으로, 한국전쟁 직후 가난한 피란민들이 모여 살면서 만들어진 동네라고 한다. 김중미 작가가 괭이부리말에서 살면서 공부방을 운영했던 생생한 경험이 담겨 있는 이 동화는, 가난하지만 희망을 잃지 않고 서로 의지하며 성장해나가는 이야기가 마음을 울린다.

**괭이부리마을과 이야기 속 배경**

**괭이부리마을**
(인천광역시 동구 화도진로186번길)

**차이나타운**
(인천광역시 중구 차이나타운로59번길 12)

〈괭이부리말 아이들〉의 이야기를 따라 인천 여행을 해볼 수 있다. 괭이부리마을에서 만석부두 가는 길엔 공장이 많은데, 작품 속 괭이부리마을 사람들은 이 공장에서 일을 하며 돈을 벌었다. 인천 중구에 있는 차이나타운은 1883년 개항 이후 중국인들이 정착하여 산 곳으로 1990년대 후반엔 '중국인 거리'라 불렸는데, 작품 속의 쌍둥이 자매 엄마가 비디오 가게를 차린 동네로 나온다.
월미도는 1923년 제방을 쌓아 육지와 연결한 후 유원지로 개발한 곳이다. 작품 속에서는 소영호라는 아저씨가 돈을 벌기 위해 배를 타러 월미도 선착장을 오간다.

## 김정한의 〈모래톱 이야기〉 - 부산 을숙도

〈모래톱 이야기〉는 대대로 자신들의 땅을 가지지 못한 채 가난하게 살아가는 사람들의 삶을 통해 부조리한 세상을 고발하는 소설이다. 작품의 주 무대인 조마이섬은 '낙동강 하류의 외진 모래톱'으로, 부산 을숙도로 추정되는 곳이다. 을숙도는 동양 최대의 철새 도래지였는데, 김해평야에 농업용수를 공급하기 위해 낙동강 하굿둑과 도로를 건설하면서 환경이 많이 파괴되었다가 요즘은 생태계를 복원해나가고 있다. 〈모래톱 이야기〉를 읽고 을숙도의 과거와 현재를 비교해보면 재미있을 것이다.

**을숙도 철새공원 (부산광역시 사하구 낙동남로 1240)**

쓰레기 매립장, 준설토 적치장 등으로 버려졌던 을숙도를 다시 살려내 만든 철새공원에는 철새 탐방로와 탐조대 등이 있다.

**낙동강 하구 에코센터 (부산광역시 사하구 낙동남로 1240)**

을숙도 철새공원 내에 있는 '낙동강 하구 에코센터'에서는 낙동강 하구의 생태에 대한 흥미로운 전시를 볼 수 있다.

### 양귀자의 〈원미동 사람들〉 - 부천시 원미동

총 11편의 단편이 연작으로 이어지는 소설 〈원미동 사람들〉은 1980년대부터 지금까지 널리 읽히고 있는 작품으로, 원미동을 무대로 소시민들의 삶을 그려낸 소설이다. 2002년부터 옛 원미구청 담장을 끼고 '원미동 사람들의 거리'가 만들어지기 시작했다.

**원미동 사람들의 거리 (경기도 부천시 부천로136번길 27)**

'원미동 사람들의 거리'에서는 작품 속 인물들의 특징을 살린 동상과 부조, 작품 내용의 중요 부분을 새겨 넣은 조형물 등을 볼 수 있다.

### 국내 문학 여행 길잡이 책

《서울 문학 기행》(방민호 지음, 아르테)

《교과서 문학기행》(장은숙 지음, 소란)

《함께 떠나는 문학관 여행》(김미자 지음, 글로세움)

《한국문학순례 대표 36》(이기순 지음, 해드림출판사)

《서울, 문학의 도시를 걷다》(허병식·김성연 지음, 터치아트)

《책으로 크는 아이들》(백화현 지음, 우리교육)

### 국외 문학 여행 길잡이 책

《책 걷기, 아이의 문화지능을 키워주는 독서여행》(홍지연 지음, 예담Friend)

《청소년을 위한 세계문학 에세이》(허병두 지음, 해냄)

《국어 선생님, 영국 가다》(강혜원 지음, 푸른숲주니어)

2

# 개성 톡톡, 동네 서점

지난 몇 년간 '동네 책방 열풍'이라 할 정도로 많은 책방이 문을 열었고, 또 문을 닫기도 했다. 동네 책방을 유지한다는 게 그만큼 쉽지 않은 일이기에, 작은 동네 책방들을 더 응원해주어야겠다는 생각을 해본다.

최근에는 몇몇 출판사에서 동네 서점에서만 판매하는 부담 없는 가격과 예쁜 디자인의 책을 출판해 좋은 반응을 얻고 있다. 이처럼 다양한 모색을 통해 동네 서점이 우리 곁에 더 가까이할 수 있기를 바라며, 동네 서점 여행을 떠나보자.

## » 서울의 동네 서점

### 오랫동안 지역을 지켜온 서점

익숙하고 정든 곳들이 사라지는 것은 마음을 참 허전하게 하는데, 그래서 오랫동안 자리를 지키고 있는 지역 서점들을 볼 때마다 반갑다. 대형 서점과 인터넷 서점에 밀리는 어려운 환경 속에서도 꾸준히 자리를 지켜온 지역 서점들을 만나보자.

- 홍익문고 (서대문구 연세로 2)
- 불광문고 (은평구 통일로 742 한화생명빌딩 지하1층)
- 연신내문고 (은평구 통일로 861)
- 한강문고 (마포구 월드컵로 125)
- 노원문고 (노원구 동일로 1390 상계주공아파트 602동 상가빌딩 지하1층)
- 동양서림 (종로구 창경궁로 271-1)

### 테마가 있는 서점

특색 있는 한 가지 음식만으로도 기억에 남는 맛집처럼, 한 가지 장르의 책을 깊이 있게 만날 수 있는 테마가 있는 서점들도 있다. 관심 있는 분야의 테마 서점들을 찾아 여행해 보자.

#### 추리소설 전문 서점

- 미스터리 유니온 (서대문구 이화여대길 88-11)

#### 시 전문 서점

- 위트 앤 시니컬 (서대문구 신촌역로 22-8 대국빌딩 3층)
- 다시 서점 (한남점: 용산구 이태원로42길 34 지하1층 / 신방화점: 강서구 양천로24길 113 지하1층)

### 그림책 서점

- 그림책카페 노란우산 (마포구 독막로 64)
- 베로니카 이펙트 (마포구 어울마당로2길 10)
- 달달한 작당 (마포구 양화로23길 22-7)
- 사슴책방 (마포구 동교로46길 33 102호)
- 프레드릭 (은평구 진흥로5길 15 대진빌딩 4층)
- 초방책방 (서대문구 연대동문길 63)
- 베란다북스 (종로구 계동길 120)

### 여행 서점

- 짐프리 (마포구 양화로 156 LG팰리스빌딩 지하2층 222호)
- 여행마을 (관악구 청룡길 29)

### 생태 서점

- 옥수책빵 (성동구 독서당로 230 2층)
- 꽃 피는 책 (양천구 목동중앙북로16길 58)

### 동물·식물 서점

- 고양이책방 슈뢰딩거 (종로구 낙산길 19)
- 오버그린파크 (영등포구 당산로20길 14-1)

### 디자인·예술 서점

- 파크 (강남구 압구정로46길 50 퀸마마마켓 3층)

• 스프링 플레어 (마포구 동교로27길 53)

**만화 서점**

• 한양툰크 (마포구 홍익로6길 67)

• 북새통문고 (마포구 홍익로6길 57 금강빌딩 지하1층)

• 유어마나 가게 (마포구 와우산로29길 14-19 2층)

### 인문·사회과학 서점

1982년에 문을 연 대학가의 첫 사회과학 서점인 '인서점'과 대학가에 자리를 지키고 있는 '그날이 오면', '풀무질', 그리고 여러 인문학 모임도 운영하고 있는 '길담서원' 등 세상을 더 깊고 넓게 바라보게 해주는 인문학 서점들을 만나보자.

• 길담서원 (종로구 자하문로17길 12-9)

• 풀무질 (종로구 성균관로 19)

• 레드북스 (종로구 통일로 150-1)

• 인서점 (광진구 광나루로24길 14)

• 그날이 오면 (관악구 신림로 89)

• 프루스트의 서재 (성동구 무수막길 56)

• 지식을 담다 (성북구 인촌로24가길 17)

### 문화 공간으로 함께하는 서점

전시도 보고 재미있는 강의도 들을 수 있는 서점이 서울 곳곳에 있다. 문화 공간으로 다양하게 즐길 수 있는 동네 서점들도 들러보자.

- 북바이북 (종로구 새문안로5길 19)
- 땡스북스 (마포구 양화로6길 57–6)
- 책방이음 & 갤러리 (종로구 대학로14길 12–1)
- 최인아책방 (강남구 선릉로 521)
- 스틸북스 (용산구 대사관로 35)

**오래된 책 향기가 있는 헌책방**

서울 청계천, 부산 보수동, 대구 남부시장, 인천 배다리 등 전국 곳곳에 헌책방이 모여 있는 거리로 알려진 곳들이 있지만, 지금은 몇 군데만 남아 명맥을 유지하고 있다. 이제는 쉽게 찾아볼 수 없어 더욱 특별하게 다가오는 헌책방에서 오랜 세월과 사연이 담긴 헌책들을 발견하는 기쁨을 느껴보자.

- 이상한 나라의 헌책방 (은평구 서오릉로 18 2층)
- 공씨책방 (본점: 성동구 광나루로 130 / 신촌점: 서대문구 신촌로 55–2)
- 숨어있는 책 (마포구 신촌로12길 30)
- 신고서점 (동대문구 이문로 141–1)

## » 전국의 동네 서점

"책방이 없는 동네는 동네라고 할 수도 없지." 소설 〈섬에 있는 서점〉의 한 대목처럼 작은 책방들은 동네를 더 따뜻하고 활기 있게 만들어준다. 가까이 혹은 멀리 있는 전국 곳곳의 동네 서점을 찾아가보자.

### 경기도

- 북유럽(Book you love) (가평군 신천중앙로 136-1)
- 행복한 책방 (고양시 일산서구 일산로741번길 13)
- Mr.버티고 Books (고양시 일산동구 강송로 33 지하1층)
- 타샤의 책방 (과천시 별양상가1로 37 신라상가 3층)
- 여우책방 (과천시 별양상사1로 37 신라상가 1층)
- YELLOWL(노란부엉이) (광주시 초월읍 현산로 89-17)
- 꿈틀책방 (김포시 봉화로163번길 10)
- 오키로미터 북스토어 (부천시 경인로 211-1)
- 슈가맨북스 (부천시 길주로77번길 37 상동타운 201호)
- 그림책 NORi (성남시 분당구 발이봉남로39번길 1)
- 좋은날의 책방 (성남시 분당구 느티로63번길 27)
- 북포레 (성남시 분당구 중앙공원로40번길 4 현대카스올림픽골프파크 113호)
- 대동서적 (안산시 상록구 석호로 235)
- 작은 정원 (안양시 동안구 일동로 13)
- 우주소년 (용인시 수지구 수풍로127번길 5 101호)
- 땅콩문고 (파주시 꽃아마길 35)

- 북하우스 (파주시 탄현면 헤이리마을길 59-6)
- 동화나라 (파주시 탄현면 헤이리마을길 93-20)

### 강원도

- 물고기 이발관 (강릉시 정원로 84-6)
- 참깨책방 깨북 (강릉시 강릉대로587번길 30)
- 동아서점 (속초시 수복로 108)
- 완벽한 날들 (속초시 수복로259번길 7)
- 그림책여행센터 이담 (원주시 단구로 170)
- 굿라이프 (춘천시 미려골길25번길 12)
- 책방마실 (춘천시 서부대성로 67)
- 서툰책방 (춘천시 향교옆길13번길 22)

### 충청도

- 홀린 (청주시 청원구 상당로244번길 15-6)
- 꿈꾸는 책방 (청주시 상당구 중고개로 255)
- 하늘문고 (충주시 주덕읍 신덕로 135)
- 책이 있는 글터서점 (충주시 국원대로 191)

### 대전광역시

- 계룡문고 (중구 중앙로 119)
- 도시여행자 (중구 보문로260번길 17)
- 도어북스 (중구 테미로 48)

- 우분투북스 (유성구 어은로51번길 53)
- 플레이북 (유성구 대학로151번길 22 3층)
- 프레드릭 희망의 씨앗 (유성구 원신흥남로42번길 30)

## 경상도

- 삼일문고 (구미시 금오시장로 6)
- 소소밀밀 (경주시 포석로1092번길 16)
- 오늘은 책방 (경주시 원효로163번길 41–2)
- 피노키오책방 (경주시 포석로1092번길 16)
- 달팽이책방 (포항시 남구 효자동길10번길 32)
- 달빛책방 (김해시 식만로348번길 42)
- 진주문고 (진주시 진양호로240번길 8)
- 소소책방 (진주시 강남로247번길 7–5 뭉클게스트하우스 1층)

## 대구광역시

- 하고(hago) (남구 큰골길 79)
- 서재를 탐하다 (북구 침산남로31길 13–14)
- 차방책방 (북구 중앙대로 517)
- 더 폴락 (중구 북성로 103–2)

## 부산광역시

- 샵 메이커즈 (금정구 부산대학로64번길 120)
- 마들렌책방 (금정구 장전로20번길 22)

- 책방 숲 (동래구 온천천로431번길 25-1)
- 인디고 서원 (수영구 수영로408번길 28)
- 프롬 더 북스 (연제구 중앙대로1251번길 39)
- 낭독서점 시집 (중구 책방골목길 8-1)

## 전라도

- 우주계란 (전주시 완산구 객사1길 30)
- 조지오웰의 혜안 (전주시 완산구 서학로 25)
- 책방 같이[:가치] (전주시 완산구 천경로 20-2)
- 한길문고 (군산시 하나운로 38 나운프라자)
- 마리서사 (군산시 구영5길 21-26)

## 광주광역시

- 동네책방 숨 (광산구 수완로74번길 11-8)
- 메이드 인 아날로그 (남구 백서로 98-5)
- 검은책방 흰책방 (동구 백서로 179 2층)
- 삼삼한 책방 (서구 염화로134번길 3)

## 제주도

- 라이킷 (제주시 칠성로길 42-2)
- 소심한 책방 (제주시 구좌읍 종달동길 29-6)
- 왓집 (제주시 중앙로5길 4)
- 제라진 (제주시 관덕로6길 11 2층)

- 달빛서림 (서귀포시 말질로161번길 1)
- 강정마을 평화책방 (서귀포시 이어도로 593-1)
- 그림책방 노란우산 (서귀포시 안덕면 녹차분재로 32)

### 동네 서점 지도

'동네서점' 앱을 통해 전국의 서점을 검색해볼 수 있다.
운영 시간, 휴업 여부 등을 꼭 확인해보고 가자.

### 서점 여행 길잡이 책

《작은 책방, 우리 책 쫌 팝니다》(백창화 · 김병록 지음, 남해의봄날)

《책방산책》(서울도서관 지음, 서울특별시)

《작고 아름다운 동네 책방 이야기》(이충열 지음, 마음의숲)

《세계서점기행》(김언호 지음, 한길사)

《유럽 책마을에서》(정진국 지음, 봄아필)

《동경 책방기》(최혜진 외 지음, 글자와기록사이)

《다녀왔습니다 뉴욕 독립서점》(안유정 지음, 왓어북)

3

# 색다른 즐거움, 도서관 나들이

## » 서울에서 만나는 도서관

### 서울도서관
**(중구 세종대로 110)**

1946년부터 80여 년 동안 서울시 청사로 이용되던 건물을 외부는 그대로 둔 채 내부를 도서관으로 개조하여 2012년 서울도서관으로 문을 열었다. 1, 2층에 걸쳐 있는 높고 커다란 벽면 서가도 있으며, 책계단에 편하게 앉아 책을 읽는 풍경은 서울도서관에서만 볼 수 있는 멋진 모습이다.

### 국립어린이청소년도서관
**(강남구 테헤란로7길 21)**

국립이라는 이름에 걸맞은 규모를 자랑하는 도서관으로, 어린이실뿐 아니라 청소년 자료실도 있다. 도서관에서 읽은 책을 기록해나갈 수 있는 독서 통장도 있어서 통장에 차곡차곡 쌓이는 책 목록을 보는 재미도 느낄 수 있다.

## 정독도서관

**(종로구 북촌로5길 48)**

1977년 서울시가 옛 경기고등학교 자리를 인수해 만든 도서관으로, 옛 학교 운동장이었던 자리에 가꾸어놓은 넓은 정원에서 편안하게 쉴 수도 있고, 다른 도서관에서는 찾아보기 힘든 청소년관도 따로 있어서 청소년 책들을 분야별로 찾아보기도 좋다. 한옥마을로 알려진 북촌 구경까지 할 수 있는 도서관 여행 코스로 추천!

## 은평구립도서관

**(은평구 통일로78가길 13-84)**

지붕도 담도 없이 '응석대'라 불리는 24개의 상자로 이루어져 있는 독특한 외관을 지닌 도서관이다. 경사진 높은 언덕에 자리한 응석대는 멋진 전망대가 되기도 하고, 서향으로 지은 건물이라 근사한 석양도 볼 수 있다.

## 서대문구립 이진아기념도서관

**(서대문구 독립문공원길 80)**

이진아기념도서관은 불의의 사고로 딸을 잃은 가족이 책을 좋아하던 딸을 생각하며 기부한 건립 기금으로 지은 도서관으로, 개인의 슬픔을 사회를 위한 나눔으로 승화한 아름다운 뜻이 담겨 있다. 언덕에 위치한 도서관의 탁 트인 창으로 서대문 독립공원도 한눈에 보인다. 서대문 독립공원과 근처의 재래시장인 영천시장도 함께 들러보자.

## 서울애니메이션센터 만화의 집

**(중구 소파로 126)**

서울애니메이션센터에서 운영하는 '만화의 집'에는 만화책이 가득한 도서정보실, 여러 나라 애니메이션을 자유롭게 감상할 수 있는 영상 정보실 등이 갖추어져 있다. 그리고 애니메이션센터에서는 다양한 체험 활동도 할 수 있다. 책은 싫어해도 만화는 좋아하는 아이들에게 '엄지 척' 도서관 여행 코스!

### 관악산 시(詩)도서관

**(관악구 신림로 23 관악산휴게소)**

관악산 등산로 입구에 위치한 작은 도서관으로, 우리나라뿐 아니라 세계 각국의 시집 4000여 권이 구비된 시 전문 도서관이다. 평소에 알고 있던 시인의 시집도 좋고, 손에 잡히는 대로 아무 시집이나 펼쳐서 읽어도 좋다.

### 구산동 도서관마을

**(은평구 연서로13길 29-23)**

오래된 주택 여러 채를 허물지 않고 옛것을 살린 채 지어 더 마을처럼 느껴지는 도서관마을. 연립주택의 50개가 넘는 다양한 방을 대화의 공간으로 구성해 도서관 구석구석이 더 재미있고 정겹다.

### 코엑스 별마당 도서관

**(강남구 영동대로 513)**

서울 삼성역에 위치한 스타필드 코엑스몰에 생긴 거대한 도서관으로, 13미터 높이의 대형 서가 3개와 5만여 권에 달하는 다양한 책과 600여 종의 최신 잡지와 전자책 시스템을 갖춘 도서관이다. 월별·요일별 테마를 정해 다양한 문화 나눔 행사도 열고 있다.

### 청운문학도서관

**(종로구 자하문로36길 40)**

청운문학도서관은 한옥으로 지어진 문학 전문 도서관으로, 서울 인왕산 자락에 위치하고 있다. 도서관 근처에 윤동주 문학관과 수성동 계곡이 있는 서촌도 있으니 두루두루 나들이하기 좋다.

### 집옥재 작은 도서관

**(종로구 사직로 161 경복궁 내)**

집옥재는 고종 황제의 서재로 경복궁 내에 있으며, 조선 시대 도서와 왕실 자료를 볼 수 있고 북카페에서 궁중 다과도 판매하고 있다.

### 글마루 한옥 어린이도서관

**(구로구 고척로27바길 7)**

한옥의 운치를 느낄 수 있는 어린이 도서관. 마당에 물레방아, 연못, 정자 등이 있어 한옥 체험뿐만 아니라 다양한 전통 문화 체험도 할 수 있다.

## » 경기도에서 만나는 도서관

### 네이버 라이브러리

**(성남시 분당구 불정로 6)**

분당에 위치한 네이버 사옥에 만든 도서관으로, IT(정보통신기술)와 디자인 분야의 책들이 많다. ㄷ자, ㅁ자 등으로 배치한 책장 위에 초록색 식물 화분들이 놓여 있는 멋진 인테리어로 세계 디자인대회에서 수상했다고 한다.

### 판타스틱큐브 도서관

**(부천시 길주로 210)**

부천시 영화 테마 복합 공간인 판타스틱큐브와 함께 조성된 곳으로, 부천시청에 있으

며 영화와 관련된 다양한 책과 자료를 볼 수 있다.

### 오정도서관
**(부천시 성오로 172 오정어울마당)**

전체 책 가운데 30%가 만화책인 만화 특화 도서관으로, 카페 같은 분위기에서 재미있는 책을 즐길 수 있다. 분야별 만화가 총망라되어 있고, 태블릿 PC로 웹툰도 볼 수 있다.

### 안양 파빌리온 공원도서관
**(안양시 만안구 예술공원로 180)**

안양시 공공 예술 프로젝트로 만들어진 예술 도서관으로, 보는 각도에 따라 다르게 보이는 건물이 독특하고 공공 예술 관련 도서 2000여 권을 갖추고 있다.

### 국립세종도서관
**(세종시 다솜3로 48)**

책을 펼쳐놓은 듯한 외관에 전체가 통유리로 되어 있다. 세종 호수공원과 가까워 호수를 바라보는 전망이 좋은 도서관으로, 세계에서도 인정한 건축이라고 한다.

### 판교 어린이도서관
**(성남시 분당구 판교역로 75)**

국내 유일의 로봇 특화 도서관으로 로봇 체험관, 로봇 공작 교실 등을 운영하고 있으며, 야외에는 어린이 놀이터와 휴게 공간도 마련되어 있다.

### 파주 가람도서관
**(파주시 가람로116번길 170)**

우리나라 최초의 음악 특화 도서관으로, 열람실에선 오디오 플레이어로 원하는 음반을 골라 감상할 수 있고, 300석 규모의 클래식 전용 공연장도 있다.

## 의정부시 과학도서관

**(의정부시 추동로124번길 52)**

다양한 과학책은 물론 천체 관측 시설, 천문 우주 체험실 등이 있어서 우주와 과학의 세계에 재미있게 빠져들 수 있는 도서관이다.

## 광교 홍재도서관

**(수원시 영통구 대학로 88)**

'ㅁ' 자로 뚫린 형태에 유리 천장으로 자연스럽게 햇빛이 들어와 자연 채광이 멋진 도서관이다. '홍재(弘齋)'라는 이름은 수원 화성을 짓고 문화·예술 중흥에 앞장섰던 조선 시대 정조의 아호에서 따온 것이다.

## 평화를 품은 집

**(파주시 파평산로389번길 42-19)**

평화, 인권, 환경을 주제로 하는 도서관으로, 임진강과 DMZ 가까운 곳에 자리 잡고 있다. 일본군 위안부 이야기를 재현한 닥종이 인형 갤러리도 있고, 평화의 메시지를 담은 영화도 상영한다.

### 제주 꿈바당 어린이도서관

**(제주시 연오로 140)**

과거 대통령들이 제주도 방문 시에 머물러 '지방 청와대'로도 불렸던 도지사 관사가 도서관으로 변신한 곳으로, 대통령들이 사용하던 응접실과 침실 등은 그대로 보존해 전시하고 있다.

### 한라도서관

**(제주시 오남로 221)**

한라도서관은 자연 속에 안겨 있는 도서관으로 연못과 숲이 잘 조성되어 있고, 바로 옆에 위치한 제주아트센터에서 공연과 뮤지컬 등 다양한 문화 감상도 할 수 있다.

### 우당도서관

**(제주시 사라봉동길 30)**

1984년 개관해 제주에서 가장 오래된 도서관으로 주변에 국립제주박물관과 사라봉이 있어 함께 둘러보기 좋다. '사봉낙조'라 부를 정도로 사라봉의 일몰 풍경은 제주의 비경으로 꼽힌다.

### JDC 문화공간 낭

**(제주시 첨단로 330)**

곶자왈과 오름 등 제주의 아름다운 자연을 모티프로 한 문화공간으로, 제주국제자유

도시개발센터(JDC) 내에 있으며, 멋진 도서관과 놀이 공간 등이 있어 가족이 함께 책도 읽고 즐겁게 쉴 수 있는 곳이다.

### 서귀포 기적의 도서관

**(서귀포시 일주동로 8593)**

자연 속에서 사람들과 소통하는 건축을 추구했던 고 정기용 건축가가 설계한 건물로, 한가운데에 소나무가 자라는 중정이 멋진 도서관이다. 기적의 도서관은 제주시와 서귀포시에 하나씩 있다.

### 삼매봉도서관

**(서귀포시 남성중로3번길 15)**

삼매봉도서관은 이중섭미술관부터 시작해 기당미술관, 소암기념관으로 이어지는 길에 있는 도서관이다. 한라산과 서귀포 시내가 한눈에 보이는 전망도 감상할 수 있다.

#### 도서관 여행 길잡이 책

**《엄마표 도서관 여행》**(이윤나 지음, 주니어김영사)

**《우리가 몰랐던 세상의 도서관들》**(조금주 지음, 나무연필)

**《북미 도서관에 끌리다》**(전국학교도서관담당교사 서울모임 엮음, 우리교육)

**《아름다운 삶, 아름다운 도서관》**(전국학교도서관담당교사 서울모임 엮음, 우리교육)

**《세계 도서관 기행》**(유종필 지음, 웅진지식하우스)

4

# 책과 함께하는 밤, 북 스테이

전국 곳곳에 있는 북 스테이 공간에서 책과 함께 하룻밤을 보내보자. 흔한 숙소 대신 개성 있는 북 스테이만으로도 멋진 여행이 될 수 있다.

## 경기도 · 인천

### 지지향

경기도 파주시 회동길 145
www.jijihyang.com

지지향(紙之鄕)은 '종이의 고향'이라는 뜻으로, 1층의 독서·문화 공간 '지혜의 숲'에서 밤새워 책도 읽고, 작가의 이름이 붙은 '작가의 방'에서 머물 수 있다.

## 모티프원

경기도 파주시 탄현면 헤이리마을길 38-26
www.motif1.co.kr

파주 헤이리 예술마을에 위치하며, 1만 3000여 권의 책이 있는 '라이브러리 0'과 스스로에게 책 읽는 휴가를 주라는 뜻을 담은 작은 서가 '사가독서'를 만날 수 있다.

## 별난독서 캠핑장

경기도 파주시 법원읍 술이홀로 1315
pajubookcamp.com

폐교된 금곡초등학교를 리모델링한 독서 캠핑장으로, 금곡작은도서관과 숲속도서관이 함께 있어 책도 보고 캠핑도 할 수 있다.

## 산책하는 고래

그림책 출판사를 운영하던 부부가 양평에 연 가정식 서점으로, 산과 개울을 이웃한 책방에 머물며 조용히 책도 보고 자연을 감상할 수 있다.

## 국자와 주걱

강화도의 고즈넉한 시골 마을에 있는 '국자와 주걱'에서 아름다운 낙조와 별이 쏟아지는 강화도의 밤을 즐길 수 있다.

## 바람숲 그림책도서관

인천 강화군 불은면 덕진로159번길 66-34
blog.naver.com/baramsupai

그림책 작가가 운영하는 그림책 전문 도서관으로, 그림책이 가득한 공간에서 하룻밤을 보낼 수 있다. 책놀이 프로그램, 작가와의 만남 등 다양한 행사가 열리기도 한다.

# 강원도

## 완벽한 날들

강원도 속초시 수복로259번길 7
www.instagram.com/perfectdays_sokcho

미국 시인 메리 올리버의 에세이 이름을 딴 곳으로, 속초 시외버스터미널 바로 뒤편에 있어 교통이 편리하며 1층은 책방, 2층은 게스트하우스로 운영한다.

### 터득골

강원도 원주시 흥업면 대안로 511-42
blog.naver.com/borrysim25

원주의 산속 마을의 옛 지명을 그대로 살려 지은 책방 겸 북카페로, 출판인과 작가인 주인 부부가 고른 책과 함께 자연 속에서 한적하게 머물 수 있다.

## 충청도

### 숲속 작은 책방

충북 괴산군 칠성면 명태재로 미루길 90 미루마을 28호
cafe.daum.net/supsokiz

아름다운 정원과 오두막 책방이 함께하는 곳으로, 가정식 서점이자 북 스테이 공간. 150여 평의 정원에는 야생화와 작은 텃밭, 피노키오 오두막 책방도 있다.

### 금산지구별그림책마을

충남 금산군 진산면 장대물길 52
grimbook.net

금산 대둔산 자락에 자리 잡고 있다. 그림책을 읽고 즐길 수 있는 서점과 갤러리, 도서관, 북 스테이가 함께하는 복합 문화 공간으로, 멋진 가로수길과 넓은 야외 정원도 있다.

## 경상도

### 봄날의 집

경남 통영시 봉수1길 6-1
www.namhaebomnal.com/arthouse

'봄날의 집'은 통영의 작은 출판사인 '남해의봄날'이 만든 문화·예술 체험 공간이다. 화가의 방, 작가의 방, 장인의 다락방 등에서 하룻밤을 보내며 통영의 예술을 만날 수 있다.

### 사랑방 서재

천년 고도 경주에서 한의사와 작곡가 부부가 운영하는 소박한 가정식 서점으로, 편안하게 쉴 수 있는 '북 스테이 미소'를 같이 운영한다.

## 전라도

### 책마을 해리

바다와 가까운 시골 마을에 자리하고 있으며, 작은도서관, 책 감옥, 마을 사진관, 마을 책방 등이 있어 다양하게 즐길 수 있고 북 스테이도 할 수 있다.

### 동네책방 숨

광주의 작은 동네 도서관으로 시작해 동네 책방이 된 따뜻한 공간으로, 나만의 서재 같은 다락방에서 책과 함께하는 아늑한 하룻밤을 보낼 수 있다.

## 제주도

### 바다의 술책

오랫동안 도서관 사서로 일했던 주인이 조용한 바닷가 마을에 차린 책방. 북 스테이와 카페가 함께하는 공간으로, 파도 소리를 들으며 하룻밤을 묵을 수 있다.

### 아베끄

사랑과 연애, 힐링을 테마로 하는 작은 책방. 금능에 위치하며, 책방에 딸린 방을 '오, 사랑'이라는 이름의 북 스테이 공간으로 운영한다.

### 서점숙소

책을 좋아하는 남매가 운영하는 게스트하우스. 근사한 독서 공간과 독립 서적들을 만날 수 있으며, 도미토리(dormitory)룸에서 저렴하게 묵을 수 있다.

### 독채민박 초

1920년대에 지어진 제주의 농가주택을 살려 고친 집으로, '동동'과 '서동' 총 두 동이다. 집 한 채를 이용할 수 있으며, 1000여 권의 책과 함께할 수 있다.

**북스테이 네트워크**

'북스테이 네트워크' 홈페이지(bookstaynetwork.com/wp/)에서 북 스테이 공간에 대한 보다 상세한 정보를 찾아볼 수 있다.

넷

# 우리 아이에게 맞는 책 고르기

10여 년 전 아이를 배 속에 품고 있다가 세상에 내보낼 때 '부모=양육자'가 되기 위해 준비를 했다. 이제 아이와 함께 사춘기를 극복하기 위해 '부모=동반자'가 될 준비를 해야 할 때다. 이 과정에서 책이 든든한 징검다리가 될 수 있다.

하지만 여기서 고민이 시작된다. 어떻게, 어떤 책을 고를 것인가? 사춘기를 잘 넘어갈 수 있게 하는 책으로, 우리 삶의 경험과 아이에 대한 사랑의 마음을 알릴 수 있는 책이 필요하다. 꿈을 꾸게 할 수 있다면 더더욱 금상첨화다.

이 장에서는 우리 아이를 파악하는 방법, 우리 아이에게 적합한 책과 분야를 소개한다. 다만 무조건 따라야 하는 원칙이라기보다는 가이드라인 정도로 생각하고 아이에 따라 상황에 따라 활용해보면 좋겠다. 이때 잊지 말아야 할 것은 '우리 아이'다. 남이 좋다고 해서, 남이 성공했다고 해서 무조건 따라 할 필요는 없다. 우리 아이와 환경과 성향 등 모든 것이 완벽하게 일치하는 사람은 없기 때문이다. '우리 아이'가 하나의 독립된 인격체라는 것, 지금 '우리 아이'를 잘 키우기 위해 모든 노력을 한다는 것을 잊지 말자.

1

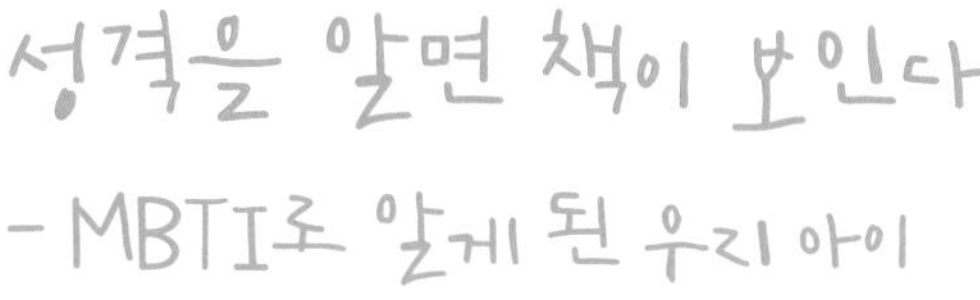


중학교 3학년인 딸이 초등학교 고학년 때는《오아시스 상점의 비밀》이나《마법의 의자》같이 판타지적 요소를 가진 또래 아이들의 모험에 대한 책을 즐겨 읽었다. 나와 함께 도서관에 가서 책장 사이를 걷는 것도 좋아했다. 그런데 중학생이 되더니 다른 사람이 된 듯이 책의 취향이 바뀌었다. 사회문제, 시사나 역사적 상황을 다룬《우아한 거짓말》,《내가 거기 가면 안 될까요?》같은 책을 열 번도 넘게 반복해서 읽는 것이다. 그래서 도서관에서 빌려 읽지 못하고 서점에서 사야 했다. 이제 엄마와 도서관 가서 책을 고르던, 책장 사이에서 행복해하며 말 잘 듣던 아이는 사라졌다. 사춘기의 변덕은 이렇게 책을 고르는 방법, 책 취향도 바꿔놓았다.

"우리 아이는 내가 잘 알아."라고 자신하던 나를 버려야 한다. 하루에도 마음이 열두 번도 더 바뀌고, 자기도 자기를 모르는 시기를 겪고 있는 아이들의 마음 상태를 어떻게 가늠이나 할 수 있을까.

나도 그렇지만 엄마는 아이를 자신의 미니미로 생각하는 경향이 있다. '작은 나, 어린 시절의 나', 그래서 '내 마음이 이러니까 내 아이도 이럴 것이다, 내가 이렇게 했었으니 우리 아이도 이렇게 해야 한다'고 생각한다. 그러다 보니 "이해가 안 가네."라는 소리가 나온다. 딸과 나는 심리 상담을 받은 적이 있다. 딸은 자기도 어린아이인데 아기 때부터 많이 아팠던 동생에 치이며 혼자 웃자라야 했던 아픔이 있었는데, 사춘기에 들어서자 그 아픔이 불안정한 행동으로 나타났기 때문이다. 그때 MBTI(성격 유형 검사)를 했는데, 자녀 상담은 아이만 하는 게 아니라 부모도 받는다. 결과를 보니 아이는 자유로운 영혼이라 자신만의 기준으로 자신만의 세상 속에 살고 있었고, 나는 머릿속에 순서도를 그리고 '선(先) 계획 후(後) 행동' 하는 이성적인 태도로 세상의 기준을 맞추며 살고 있었다. 그런데 엄마의 잣대로 아이를 키우려 하고 이해하려 하니 아이가 더 힘들 수밖에 없고, 아이와 엄마 모두 각각 독립된 인격체라고 인정하는 것이 우선이라는 검사 결과를 받았다.

그때 들었던 또 다른 조언은, 사람은 항상 자신의 선택과 결정을 불안해한다는 것이다. 하지만 객관적인 누군가가(생판 남일 수도 있고, 검사 결과 보고서일 수도 있다.) "지금까지 너 잘 살아왔어."라고 한마디만 해줘도 불안이 어느 정도 사라진다며, 나도 엄마로서 잘 살아왔고 아이에게도 아이로서 잘 살아왔다고 상담사 선생님이 말씀해주셨다. 그 말을 듣는 순간 마음의 불안이 상당 부분 누그러지는 동시에 아이를 '나의 미니미'가 아니라 아이 자체로 바라보게 되었다. 신기한 게, 그렇게 생각하자 아이와의 갈등이 줄어들고 아이도 많이 안정되었다. 그리고 아이에게 책을 골라줄 때도 내 중심에서 아이 중심으로 옮겨가게 되니, 책을 함께 고르고 책을 매개로 대화도 늘게 되었다.

나는 한 발짝 떨어져서 객관적으로 내 아이를 바라보는 것이 먼저라고 말하고 싶다. 자기 성격은 자기가 가장 잘 아니, 이제 아이의 성격을 파악하는 것이 그 시작일 것이다. 그리고 막연하게 이렇겠거니 하고 생각하기보다는 MBTI 같은 공식적인 검사를 해보면 신뢰성이 생긴다. 그렇다고 심리 상담실을 찾아갈 필요는 없다. 심리 전문가의 고급스러운 조언이 아니어도, 우리는 그 아이를 십 몇 년 동안 키운 부모다. 가이드라인만 제시되면 우리 아이 성향을 파악하는 것은 어렵지 않다.

대개의 경우 초등학교나 중학교 때 MBTI를 실시한다. 운동도 즐겨 하면 잘하듯 성향도 그렇다. 사람들은 여러 유형을 두루 가지고 있지만 잘하고 즐겨 해서 더 발달하는 성격이 있다. MBTI는 개인이 쉽게 자신의 선호 경향을 응답하도록 자기 보고 형식으로 만든 문형들이라고 할 수 있다.

중1 자녀를 둔 학부모라면 중학교에 들어가서 4월경에 학교에서 보내오는 정서 · 행동 검사 결과표를 참고해도 좋다. 아이의 현재 마음 상태와 행동 등에 대한 검사로, 완벽한 심리 검사는 아니지만 아이를 이해하는 데는 큰 도움이 될 것이다. 아니면 '테스트하로(http://testharo.com)' 홈페이지에서 검사를 해볼 수도 있다. 원래의 검사보다 간단하지만 전반적인 파악이 가능하고, 성격 유형 검사, 다중 지능 검사, EQ 감성지수 검사 등을 무료로 제공하고 있어 활용도가 높다.

MBTI 검사는 16가지 성격 유형을 보여주는데, 둘씩 대립된 총 8가지 특성을 조합하여 그중에서 한 가지 유형으로 결과가 나온다. 다음의 표를 참고해서 조합해낼 수 있는데, 여기서는 책을 매개로 아이와 소통하려는 만큼 책에 대한 성향으로 특성들을 표현했다.

## MBTI 8가지 분류 - 책에 관한 성향을 중심으로

| 재미있어야 책을 읽지 (외향성 E) | 책은 읽는 자체가 재미 (내향성 I) |
|---|---|
| • 여러 친구와 잘 사귄다. | • 몇 명의 친구와 깊게 사귄다. |
| • 낯선 곳에 심부름을 갈 수 있다. | • 낯선 곳에 심부름 가는 게 무섭다. |
| • 모임에서 말이 많은 편이다. | • 누가 물어볼 때에야 대답한다. |
| • 활발하고 적극적이라는 말을 많이 듣는 편이다. | • 조용하고 차분하다는 말을 많이 듣는 편이다. |
| • 내 기분을 즉시 남에게 알린다. | • 내 기분을 마음속에만 간직하고 있다. |
| • 많은 친구에게 이야기하는 것이 더 좋다. | • 나 혼자 공부하면 더 잘 된다. |
| • 친구들과 함께 공부하면 더 잘 된다. | • 사람 만나는 것보다 책 읽는 게 더 좋다. |
| • 글쓰기보다 말하기가 더 좋다. | • 말하기보다 글쓰기가 더 좋다. |
| • 생각이 바로 말로 표현된다. | • 생각에 빠질 때가 자주 있다. |

| 책은 현실의 반영 (감각형 S) | 책은 판타지, 상상의 세계 (직관형 N) |
|---|---|
| • 구체적이고 정확한 표현을 잘 기억한다. | • 상상 속의 이야기를 잘 만들어낸다. |
| • 주변 사람의 외모나 특징을 잘 기억한다. | • 물건을 잃어버릴 때가 종종 있다. |
| • 꾸준하고 참을성 있다는 소리를 듣는다. | • 창의적이고 독창적이라는 말을 듣는다. |
| • 손으로 직접 하는 활동이 좋다. | • 기발한 질문을 많이 하는 편이다. |
| • 그려진 그림에 색칠하는 것이 더 좋다. | • 직접 선을 긋고 색칠하는 게 더 좋다. |
| • 자세한 내용을 잘 암기할 수 있다. | • 부분보다는 전체의 틀이 잘 보인다. |
| • "그게 진짜야?" 식의 질문을 많이 한다. | • 스스로 나만의 방법을 만드는 게 편하다. |
| • 꼼꼼하다는 말을 많이 듣는다. | • 공상 속에 친구가 있기도 하다. |
| • 관찰을 통해 더 잘 배운다. | • 하고 싶다, 되고 싶다는 꿈이 많다. |
|  | • 누구나 하는 일은 재미가 없다. |

| 책으로 권선징악을 배워야지 (사고형 T) | 책은 측은지심을 담아야지 (감정형 F) |
|---|---|
| • '왜'라는 질문을 자주 한다. | • 남의 말을 잘 따르는 편이다. |
| • 의지가 강한 편이다. | • 인정이 많다는 말을 듣는 편이다. |
| • 꼬치꼬치 따지기를 잘하는 편이다. | • 협조적이고 순한 편이다. |
| • 참을성이 있다는 말을 듣는 편이다. | • 어려운 사람을 보면 마음이 안 좋다. |
| • 공평한 사람이 되고 싶다. | • 친절한 사람이 되고 싶다. |
| • 야단을 맞아도 울지 않는다. | • 야단을 맞으면 눈물을 참을 수 없다. |
| • 논리적으로 설명을 잘한다. | • 이야기에 요점이 없을 때가 있다. |
| • 악당이 당하는 장면은 통쾌하다. | • 악당이지만 그래도 불쌍하다. |
| • 결정하는 일이 어렵지 않다. | • 양보를 잘하고 결정하기가 힘들다. |

| 목적이 있어야 읽는다 (판단형 J) | 마음 가는 대로 읽는다 (인식형 P) |
|---|---|
| • 공부나 일을 먼저 하고 논다. | • 먼저 놀고 난 후에 일을 한다. |
| • 쫓기면서 일을 하는 게 싫다. | • 막판에 몰아서 일을 할 수도 있다. |
| • 정리 정돈된 깨끗한 방이 좋다. | • 방이 어지러워도 상관없다. |
| • 사전에 계획을 짜는 편이다. | • 계획을 짜는 것은 왠지 불편하다. |
| • 준비물을 잘 챙기는 편이다. | • 상황에 따라 유연하게 행동한다. |
| • 규칙적인 생활을 하는 편이다. | • 준비물을 잘 잊는 편이다. |
| • 계획에 없던 일이 생기면 짜증이 난다. | • 틀에 박힌 생활은 재미가 없다. |
| • 목표가 뚜렷하고 실천을 잘한다. | • 색다른 것이 좋고 짧은 공상을 한다. |
| • 계획적으로 일을 하는 편이다. | • 그때그때 일을 해치우는 편이다. |
| • 규칙, 지시에 따르는 편이다. | • 내 마음을 따라 행동하는 편이다. |

8개의 유형을 조합하면 모두 16가지의 성격 유형이 나오는데, 비슷비슷한 성향들끼리 묶다 보면 크게 네 덩어리로 나눌 수 있다. 이 네 덩어리에 '지킴이, 이끔이, 섬김이, 칭찬이'라는 이름을 달아서 추천 도서를 소개해보려고 한다. '지킴이, 이끔이, 섬김이, 칭찬이'라는 단어가 어색할 수 있는데, 보통 협동학습에서 쓰는 말이다. 지킴이는 원칙이나 질서 유지를 중요시하고, 이끔이는 리더십이 강하며, 섬김이는 봉사 정신이, 칭찬이는 친교적 성격이 강한 역할을 말한다. 아이의 성격을 가늠해보면 대개 이 네 부류로 나누어지는데, 성격을 참고한다는 의미이지 성격에 따라 추천한 책만 읽으라는 것은 아니다.

**MBTI 유형별 성향 및 추천 도서 분야**

| 지킴이형 | | |
|---|---|---|
| MBTI 유형 | ISTJ | 한번 시작하면 끝까지 해낸다. |
| | INFJ | 사람에 관한 뛰어난 통찰력을 가진다. |
| | ISTP | 논리적이고 뛰어난 상황 적응력이 있다. |
| | INFP | 이상적인 세상을 만들려고 노력한다. |
| 추천 분야 | 우화집, 위기 극복 사례집, 자기계발서, 환경·빈곤·인권 등을 주제로 한 책 | |
| 추천 도서 | 모리의 마지막 수업 / 이솝우화 / 지도 밖으로 행군하라 / 마시멜로 이야기 / 왜 세계의 절반은 굶주리는가? / 소녀, 적정기술을 탐하다 / 법정에서 만난 역사 / 빼앗긴 내일 등 | |

| 이끔이형 | | |
|---|---|---|
| MBTI 유형 | ISFJ | 성실하고 온화하며 협조적이다. |
| | INTJ | 전체를 조합하여 비전을 제시한다. |
| | ESTJ | 사무적·실용적·현실적이다. |
| | INTP | 비평적인 관점을 가지고 전략을 짠다. |
| 추천 분야 | 국가 또는 리더, 위인전, 신화, 실용서, 전략서, 전쟁사 | |
| 추천 도서 | 삼국지 / 손자병법 / 한비자 / 조선왕조실록 / 삼국사기 / 리더의 비전 / 리더를 위한 유쾌한 그림 수업 / 거북이는 왜 달리기 경주를 했을까? / 흑설공주 이야기 등 | |

| 섬김이형 | | |
|---|---|---|
| MBTI 유형 | ESTP | 친구, 운동, 음식 등 다양함을 선호한다. |
| | ENFP | 열정적으로 새 관계를 만든다. |
| | ESFJ | 친절하게 남에게 봉사한다. |
| | ENFJ | 타인의 성장을 도모하고 협동한다. |
| 추천 분야 | 봉사하는 삶을 다룬 위인전이나 종교 관련 도서, 심리학 책, 성장소설 | |
| 추천 도서 | 울지마 톤즈, 그 후 선물 / 미친 고3, 해외 봉사 도전기 / 어느 노과학자의 마지막 강의 / 내 마음을 읽는 시간 / 슈바이처와 동물 친구들 / 내 이름은 호프 / 제인 구달-침팬지와 함께한 나의 인생 / 나에게는 꿈이 있습니다-마틴 루터 킹 등 | |

| 칭찬이형 | | |
|---|---|---|
| MBTI 유형 | ESFP | 분위기를 고조시키는 우호적인 성격이다. |
| | ENTP | 풍부한 상상력으로 새로움에 도전한다. |
| | ISFP | 따뜻한 감성을 가지고 겸손하다. |
| | ENTJ | 비전을 가지고 타인을 활력적으로 인도한다. |
| 추천 분야 | 예술가의 생애, 아이디어 책, 감성 에세이, 사회적 이슈를 다룬 웹툰, 만화 | |
| 추천 도서 | 이웃 사람 / 패션왕 / 이끼 / 미생 / 식객 / 앤디 워홀 / 광고 천재 이제석 / 바보 빅터 / 오늘이 마감입니다만 등 | |

MBTI 분류표를 참고하여 아이의 성격 유형을 알아보고, 우리 아이가 어떤 성향인지, 어떤 분야의 어떤 책을 읽으면 좋을지 메모해보자.

우리 아이의 성향은?

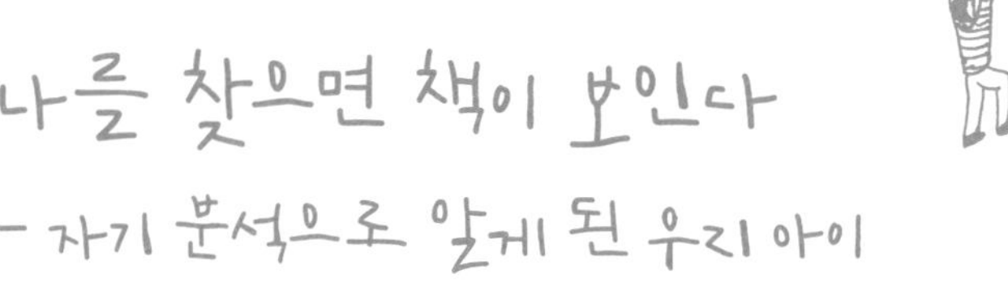


여기서는 아이 스스로가 자신을 돌아보는 기회를 어떻게 마련해줄 것인가를 함께 고민해보고자 한다. 앞서서 부모가 아이의 성향을 파악했으니 아이도 스스로 자신을 파악할 기회를 주어야 한다. 그래야 꿈도 찾고, 자기에게 맞는 책을 스스로 찾을 수 있기 때문이다.

아이가 자신을 스스로 알기란 어렵다. 아이들이 처음 걸음마 할 때를 생각해보자. 처음에는 엄마 손을 잡고 한 걸음씩 떼던 아이가 차츰 손을 놓고 한두 걸음 걷더니, 나중에는 옆에서 지켜만 보면 혼자서 걸을 수 있었다. 아이들이 스스로 책을 찾아가는 과정도 처음부터 혼자 하기는 쉽지 않다. 손잡고 걷는 걸음마에서 스스로 걷는 과정을 거치듯, 스스로를 이해하고 도움을 얻기 위해 책을 찾을 수 있는 독서 자립을 할 수 있도록 부모의 도움과 지지가 필요하다.

시험이 다가오면 공부해야 하는 양이 늘어난다. 공부하는 양에 비례해 아이의 불평불만도 늘어난다. 그때 가장 많이 하는 말이 "왜 공부를 해야 해?", "왜 시험을 봐?", "수학이 나중에 무슨 필요가 있어?" 같은 말이다. 중학교 교사로 17년째 일하고 있지만 학교 아이들도 다르지 않다. 매일 듣는 엄마 입장에서는 짠하기도 하고 지겹기도 하고, 배우는 모든 것이 나중에 피가 되고 살이 된다고 해도 아이들에겐 전혀 와닿지 않는 것 같다.

하지만 아이가 처음 말을 배울 때를 생각해보자. "왜 나뭇잎은 초록색이야?", "왜 사람은 걸어 다니고 동물은 기어 다녀?"라는 질문을 하고 그 대답을 알게 되면서 아이의 지식은 풍부해지고 세상을 향한 관심은 커지고, 그러면서 자기가 좋아하는 분야가 생긴다. '공룡이 좋으니까 공룡 박사가 될 거야.'라든가 '난 만들기가 좋으니까 과학자가 될 거야.'처럼 꿈을 꾸게 된다.

지금 사춘기를 겪는 아이들도 마찬가지다. 서너 살 때 "왜?"에 대한 대답을 부모에게 들으며 꿈을 꾸었다면, 사춘기인 지금은 "왜?"에 대한 이유를 스스로 찾으며 꿈을 꾸어야 한다. '왜 해야 하는가?'는 '왜 필요한가? 나한테 어떤 도움이 되는가?'로 연결된다. 사실 서너 살 때의 물음에는 어떤 대답도 상관없다. 엄마가 눈 맞춰 호응해주기만 한다면 아이는 만족했다. 하지만 안타깝게도 사춘기 아이의 물음은 '답정너'이다. 즉 답이 정해져 있으니 엄마는 그렇게 대답만 해주면 되는 것이다.

질문에 대한 답을 아이에게 돌려보자. 아이 스스로가 자신을 분석해서 내 마음 상태, 내가 좋아하는 것, 내가 잘하는 것, 내가 하고 싶은 것을 찾을 수 있도록 도와준다면 멘붕 상태와도 같은 사춘기 자신을 돌아보게 된다. 그리고 지금 하고 있는 모든 일에 대해 이유를 찾을 수 있다.

그렇다고 아이에게 무조건 '너를 돌아봐, 너를 찾아봐' 할 수는 없다.

부모들이 MBTI를 통해 아이의 심리 상태를 추측하는 것처럼 아이들에게도 스스로의 심리 상태를 돌아보는 것이 우선이다. 사실 MBTI는 아이들에게 어려울 수도 있다. 그래서 제안하고 싶은 것은 부모와 아이들이 간단하게 할 수 있는 심리 게임인 '가족 서클게임'이다.

**가족 서클게임 방법**

① 하얀 종이 준비하기

② 자기를 동그란 원으로(크기, 위치 상관없이) 그리기

③ 엄마 동그라미, 아빠 동그라미, 형제자매 동그라미 그리기 (엄마 아빠도 솔직한 마음으로 함께 그린다.)

④ 이름 대신 그 아이를 표현하는 별명이나 별칭 쓰기

⑤ 원의 크기, 위치 등에 대해 설명해주기

⑥ 그린 동그라미를 보면서 함께 마음 나누기

아이가 종이보다 원을 더 크게 그리면 자존감의 과잉 상태로, 스스로를 과대평가하고 있다고 볼 수 있다. 반대로 원을 종이 크기에 비해 너무 작게 그리거나 위치가 한쪽 구석에 있다거나 할 경우에는 자존감이 부족한 상태이다. 어느 경우든 자신이 생각하는 '나'와 현실의 '나'가 일치하지 않기 때문에 좌절, 분노, 현실 부정 등이 나타날 수 있다.

이상적인 원은 종이의 가운데 다른 가족의 원들과 비슷한 크기, 비슷한 위치로 그릴 때다. 아이의 원이 가족 원 속에 속해 있거나 극단적 위치로 떨어져 있다면, 또는 어느 한쪽과의 연결이 두드러진다면 아이 스스로가 자신을 되돌아볼 수 있다. 인지를 하는 순간 교정이 가능하다.

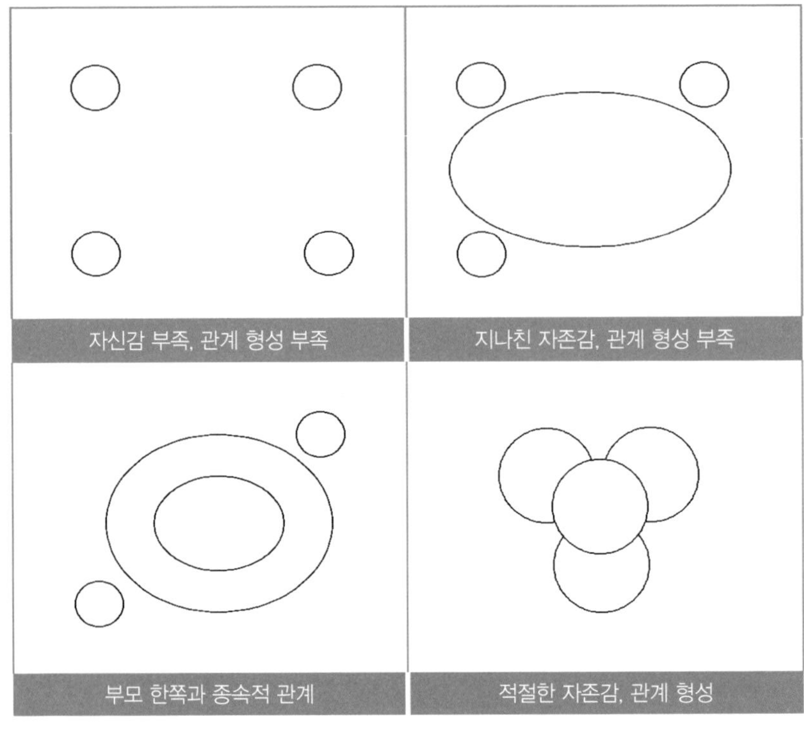


이 가족 서클게임은 처음에는 학급에서 사용한 방법이다. '친구 서클게임'이라는 이름으로 학급 내 친구 관계나 학생들도 인지하지 못하는 자기 마음을 조금이라도 이해해보는 것이다. '친구는 누구냐, 몇 반이냐? 그중 누구와 더 친하냐?' 하고 물을 필요 없이 그린 종이를 놓고 학생들과 상담을 시작하면 아이들은 훨씬 마음을 잘 보여준다. 가족 서클게임을 하면서 대화의 물꼬를 트고, 친구 서클게임을 해봐도 좋다. 그러면 우리 아이와 가장 친한 친구가 누군지, 그 아이와의 관계가 어떠한지 이해할 때 도움이 될 수 있다. 친구 서클게임도 가족 서클게임과 같은 방법으로 진행하면 된다.

친구 서클게임이나 가족 서클게임을 한 후 그다음 단계로 별칭 옆에 추천 책을 함께 써보자. 추천 책 옆에 이유를 적으면 더 좋다. 추천 책은 북 큐레이션 해놓은 것 중에서 골라도 좋고, 인터넷 서점에서 검색을 해도 좋고, 마땅한 책이 없다면 이런 제목의 책이 있으면 좋겠다고 생각하는 것을 새롭게 만들어도 좋다. 예를 들어, 나와 친하지만 다른 친구의 욕을 하는 단점을 가진 친구를 '입이 화를 부르는 자'라는 별칭으로 적고, 그 옆에 '아름다운 그이는 사람이어라(김탁환)'라고 쓰는 식이다. 그 친구에게 다른 친구의 단점까지도 사랑할 수 있는 마음을 주고 싶다는 마음을 덧붙여 적는다면 일종의 독후 활동도 된다.

지금까지 우리 아이 마음 상태, 인간관계를 엿볼 수 있는 간단한 방법들을 제시하고 상황에 맞는 책을 찾아보는 연습을 했다면 다음으로 아이의 학교생활을 알아보자.

나는 가끔 어린이집처럼 교실에도 CCTV가 있어서 내 아이의 학교생활을 보고 싶다는 생각을 한다. 상담을 가서 담임선생님을 만나 이야기를 들어보면, 수업 시간에 멍하니 있기 일쑤라고 한다. 가방 속을 보면 체육복으로 갈아입고 쑤셔 넣은 교복에, 온갖 과목이 섞인 프린트 뭉치에 그야말로 난장판이다. 어떻게 학교생활을 하기에 가방이 이런가 싶기도 하다. 학교 친구들과의 사이는 어떤지, 싸우지는 않는지 등등 궁금한 게 한두 가지가 아니다.

학교생활과 학교에 대한 아이의 생각이 궁금한 부모들에게 이 방법을 추천하고 싶다. 나는 학생들에게 '진로 성장 보고서'라는 것을 쓰게 한다. 자신이 했던 학교 활동을 적고 그 활동에 대한 소개글을 적는 것이다. 그리고 활동들이 자신한테 정신적으로는 어떤 도움이 됐고 자신의 진로에는 어떤 도움이 됐는지, 앞으로 어떻게 학교 활동을 해야 할지, 그 활동을 하는 데 도움이 되는 방법(책, 인간관계, 능력적 부분, 봉사, 공부 등)은 무엇인지를 쓰도록 한다.

**진로 성장 보고서 순서도**

| 시작 | • 자신이 했던 학교 활동 모두 적기 (마인드맵 활용)<br>• 해당 활동을 하는 데 도움이 된 방법 쓰기 |
|---|---|
| | ▼ |
| 중간 | • 앞으로 하고 싶거나 해야 하는 학교 활동 모두 적기 (마인드맵 활용)<br>• 해당 활동을 하는 데 도움이 될 방법 쓰기 |
| | ▼ |
| 최종 단계 | • '과거–현재–미래'순으로 재배열해서 서술하기 |

진로 성장 보고서는 학생의 '학교 활동'을 중심으로 한다. 진로 성장 보고서 쓰기를 아이와 함께하기에는 좀 거창할 수도 있다. 부담이 된다면 '캐릭터 사용 설명서'를 써보자. 캐릭터 사용 설명서는 진로 성장 보고서를 간략화한 것이다. '나'라는 캐릭터가 사회에서 성공적으로 살아가기, 즉 꿈을 이루기 위한 과거-현재-미래의 큰 그림을 그린다고 보면 된다. 게임을 할 때 캐릭터의 능력치, 경험치, 사용 무기 등을 결정해놓고 업그레이드하면서 목표를 달성해가는 것과 같은 방식으로, 아이가 꿈을 이루어가는 데 도움이 되는 안내서가 '캐릭터 사용 설명서'이다. 다만 우리가 할 캐릭터는 '나(아이)'를 중심으로 한다.

그릇에 무엇이 담겨 있다고 상상해보자. 똑같은 모양의 그릇이라도 밥이 담겨 있으면 밥그릇이 되고 국이 담겨 있으면 국그릇이 된다. 여기에서 내용물은 우리 아이 내면이고, 그릇은 우리 아이의 학교생활이다. 아이가 학교를 어떻게 생각하는가에 따라 학교생활에 적극적일 수도, 소극적일 수도 있을 것이다.

**캐릭터 사용 설명서 순서도**

| | |
|---|---|
| 시작 | • '나'에 대해 떠오르는 생각, 느낌 자유롭게 적기<br>• '학교'에 대해 떠오르는 생각, 느낌 자유롭게 적기<br>(예) 2분간 생각나는 단어 모두 적기 |
| | ▼ |
| 중간 | • '나'와 '학교'를 연결 지어 정리하기<br>(예) 잠만보(잠만 자는 만화 캐릭터) – 수학 시간<br>(예) 내 이번 생에 틀린 것들 - 과학탐구대회 참가, 수학 100점 |
| | ▼ |
| 최종 단계 | • '나(캐릭터)'를 설명하는 글 또는 그림 그리기 (학교 활동에 한정 지어 쓰도록 함)<br>(예) 사람 그림을 그리고 '머리' 부분에는 내가 학교에서 잘하는 것이나 지금 내가 관심 있는 것, '가슴' 부분에는 내가 좋아하는 것이나 사람, '발' 부분에는 잘하는 운동 또는 싫어하는 운동, 인간관계 등, '몸 전체'에서는 자신 있는 부분, 자신 없는 부분 등, '몸 바깥'으로는 내 별명, 남이 보는 '나'의 모습 등을 써 넣는다. |

"진로 성장 보고서(또는 캐릭터 사용 설명서)를 왜 써야 해요?"라고 아이가 물어볼 때는 이렇게 대답하자. "지금 네가 하는 봉사 활동, 동아리 활

동, 학교 수행평가 등을 왜 해야 하는지 스스로에게 물어보기 위해서야. 꿈을 위해 네가 잘 걸어가고 있는지 네가 가장 잘 알 테니까 말이야."

이때 책이 필요하다. 아이의 관심 분야나 진로 분야를 부모가 다 아는 것도 아니고, 전문가의 도움과 전문적인 지식이 필요하기 때문이다. 참고할 만한 진로 책은 다음 장에서 자세히 다룰 것이다.

3

# 꿈을 찾으면 책이 보인다

## – 진로 탐색 활동으로 알게 된 우리 아이

2002년 한일월드컵 때 '꿈은 이루어진다'며 목소리 높여 응원했던 기억이 있을 것이다. 그런데 한 초등학교 선생님이 2002년 월드컵 당시를 침을 튀기며 설명하면서 "우리 너무 좋지 않았니?"라고 했을 때 2006년생인 초등학교 5학년 아이들이 멀뚱멀뚱 바라보더란다. 이처럼 20년 가까운 시대 변화와 세대 차이가 부모와 자녀 사이에는 존재한다.

나는 지금의 아이들에게 '꿈은 노력할 때 이루어진다'고 가르친다. '꿈은 이루어진다'라고 외치며 열정만 가지고 뛰어들던 2002년 그때와 지금은 다르다. 하루에도 수십 개의 직업이 사라지거나 생겨나고, 100세 시대인 현재는 50대 이후의 새로운 50년의 삶을 준비해야 하는 시대가 된 것이다.

즉 꿈을 꿀 때도 자기 주도 학습이 필요한 시대로, 스스로 진로를 탐색하고 개척하고 노력하면서 시대의 흐름에 맞게 스스로를 변화시키며 살아가야 한다. 격언처럼, "고기를 잡아주지 말고 고기 잡는 방법을 가르쳐

줘야 한다." 그렇다고 "네가 알아서 해라."라는 말이 아니다. 적절한 방법을 함께 찾아보고 아이가 인생의 주체가 될 수 있도록 도와주어야 한다는 말이다.

여기서는 아이의 꿈을 찾기 위한 방법으로 진로 탐색 활동을 함께해보자. 초등학교 고학년이나 중학교 1학년 아이가 있다면 '자유학기제'라는 말을 들어보았을 것이다.

**자유학기제**

학생들이 시험 부담에서 벗어나 꿈과 끼를 찾을 수 있도록 토론·실습 등 학생 참여형으로 수업을 운영하고, 진로 탐색 활동 등 다양한 체험 활동이 가능하도록 중학교 1학년 교육과정을 유연하게 운영하는 제도. 2012년 11월 시범학교 지정을 시작으로 시범 운영되기 시작하여 2016년부터 지역 교육청별로 지역적 특성을 고려하여 전면 추진되고 있다. 2018년부터는 학교에 따라 자유학년제를 한 학기가 아닌 1년 동안 운영할 수 있다.

**자유학기제의 특징**

오전에는 교과 수업이 이루어지는데 수업은 토론, 실험 실습, 프로젝트 학습 등 학생 주도적 방식으로 진행된다. 평가도 지속적인 관찰 평가, 형성 평가, 자기 성찰 평가 등 학생 중심으로 이루어진다.

오후에는 주로 진로 탐색 활동, 주제 선택 활동, 예술·체육 활동, 동아리 활동이 이루어진다.

아무 준비 없이 자유학기제를 맞이한다면 아이의 특성과 진로에 적합한 선택 활동을 할 수 없어서 겉핥기 체험밖에 되지 못한다.

자유학기제는 국가 차원의 교육제도이다. 그래서 이와 관련한 교육부 주관의 다양한 사이트가 운영되고 있다. 이 사이트들에서는 대부분 무료로 정보를 제공할 뿐 아니라 상담도 가능하기 때문에 부모들이 활용하기 좋다. 커리어넷(www.career.go.kr)을 이용해서 직업 탐색 검사를 해보고, 사이트에서 제공하는 무료 상담을 받아보는 것도 좋다. 그러면 아이의 대략적인 성향을 가늠할 수 있다. 이를 바탕으로 아이와 꾸준히 대화를 하면서 자유학기제 사이트(www.ggoomggi.go.kr)와 배정받을 중학교 홈페이지에 접속해 자유학기제에 할 수 있는 다양한 선택 활동을 아이와 함께 미리 보는 것도 도움이 된다.

이렇게 자유학기제, 아이의 관심사와 진로에 대해 어느 정도 이해했다면 이러한 사전 정보를 토대로 아이들과 고를 책을 의논해보자. 다음 쪽에 제시된 표를 작성해보면 아이가 읽을 책을 함께 고르는 데 도움이 될 것이다. 이때 앞에서 소개했던 우리 집 책 큐레이션 부분을 참고하면 좋다.

크게 순서는 표에서 보듯 '① 관심사, 진로(꿈) 적기 → ② 읽을 책 목록 적기 → ③ 읽기로 선택한 책 목록 적기'순이다. 이 표는 소거법을 활용하고 있다. 키워드를 중심으로 생각나는 대로 적고 불필요한 단어를 중요도 순서로 제거하는 것을 소거법이라고 하는데, 어느 분야나 활용 가능하며 실제로 심리학·교육학·통계학 등 다양한 분야에서 활용되고 있는 방법이다. 범위가 넓거나 막연해서 막막할 때 소거법을 쓰면 선택과 집중에 도움이 된다.

**우리 아이가 읽을 책 함께 고르기**

<table>
<tr><td>①<br>관심사,<br>진로(꿈)</td><td colspan="5">1.<br>2.<br>3.</td></tr>
<tr><td rowspan="4">②<br>읽을 책<br>목록<br>(필요할 경우<br>칸을 더<br>늘려서 사용)</td><td></td><td>관심사, 진로</td><td>책 제목</td><td>지은이</td><td>출판사</td></tr>
<tr><td>1</td><td></td><td></td><td></td><td></td></tr>
<tr><td>2</td><td></td><td></td><td></td><td></td></tr>
<tr><td>3</td><td></td><td></td><td></td><td></td></tr>
<tr><td rowspan="4">③<br>읽기로<br>선택한 책<br>목록</td><td></td><td>관심사, 진로</td><td>책 제목</td><td>지은이</td><td>출판사</td></tr>
<tr><td>1</td><td></td><td></td><td></td><td></td></tr>
<tr><td>2</td><td></td><td></td><td></td><td></td></tr>
<tr><td>3</td><td></td><td></td><td></td><td></td></tr>
</table>

①에서는 이루고자 하는 꿈(진로)을 적는다. 꿈은 하나일 수도 있고 여러 개일 수도 있으니 꼭 하고 싶은 순서나 관심 있는 정도에 따라 3개 정도 고를 수 있도록 하자. 아직 꿈을 결정하지 않았다면 소거법을 써서 관심 있는 분야를 키워드로 해서 생각나는 대로 쓰도록 하고 그 가운데 경험해보고 싶은 세 가지를 고르면 된다.

②에서는 읽을 책 목록을 만든다. '읽을 책 목록'은 소거법의 첫 단계인 키워드 중심으로 생각나는 대로 쓰기와 같은 방법이다. 인터넷을 검색하든 서점을 가든 ①에서 결정한 꿈 키워드를 중심으로 책을 검색하는 것이다. 이때 특별한 기준 없이 자유롭게 책을 골라놓으면 된다.

③에서는 ②에서 만든 목록을 가지고 서점이나 도서관에 가서 직접 책을 본 후(이때는 무조건 직접 책을 봐야 함) 목차나 대략적인 전개 등을 파악하여 관심 분야마다 한두 권을 선택한다. 이렇게 책을 고르는 과정은 자유학기제에서 선택 활동을 고르거나 동아리 활동을 선택할 때, 그리고 독서 활동 등과 연계해 아이들에게 동기 부여를 할 수 있고, 무엇보다 사춘기 아이들과 대화할 거리가 만들어진다는 점이 좋다. 단순히 말을 주고받는 대화가 아니라 미래에 대한 불확정성으로 불안하고 흔들리는 사춘기 아이에게 부모가 함께 있음을 알려줄 수 있고, 자기 주도적으로 책을 선택하는 과정에서 자존감도 높여줄 수 있다.

이때 명심해야 할 부분은 '그럴듯한'의 함정에 빠지면 안 된다는 점이다. 아이와 이야기할 때 '그럴듯한' 관심사, '그럴듯한' 꿈을 제시하지는 않는지 스스로 점검해야 한다. 또 아이가 책을 선택하는 과정에서 부모가 지도자가 아닌 동반자의 역할을 해주도록 한다. 물론 아이보다 몇십 년을 앞서 산 부모의 경험이 아이들에게 도움이 될 수도 있겠지만 아이의 꿈은 우리 어른들도 경험하지 못한 앞으로 몇십 년의 삶을 바라보는 것이다. 그렇기 때문에 부모가 무조건 이끌기보다는 아이의 입장이 100% 지지를 받고 아이가 주도적으로 선택하는 과정이 중요하다는 것을 잊지 말아야 한다. 남이 보기에 훌륭한 책을 읽히는 것이 목적이 아니라 사춘기 아이와 책을 통해 소통할 수 있는 마음다리 하나 놓는 것이 목적이기 때문이다.

이때 다음에 제시하는 책들을 참고하면 좋다.

**자유학기제·진로 관련 도서 목록**

| 도서명(지은이) | 분류 | 책 소개 | 도움 되는 진로 분야 |
|---|---|---|---|
| 김상호의 10대를 위한 진로 특강 (김상호) | 자기 계발 | 진로 정보, 노하우, 진로 설계 방법 | 대학 학과 분류, 진로 전망(사라질 직업, 뜰 직업)을 알고 싶을 때 |
| 꿈만 꾸지 말고 길을 찾아 떠나라! (하정혜 외) | 자기 계발 | 진로 설계, 진로 검사, 진로 상담 검사 | 적성 검사를 하고 싶을 때, 구체적 진로 설계 워크북을 쓰고 싶을 때 |
| 대도서관 잡(JOB)쇼 (대도서관·대도서관 잡쇼 제작팀) | 진로, 자기 계발 | 직업 멘토 23명의 현실적인 직업 소개기 (다큐멘터리를 책으로 제작) | 성공한 직업인의 노하우를 배우고 싶을 때, 꿈을 이루기 위한 현실적인 방법을 알고 싶을 때 |
| 이제는 대학이 아니라 직업이다 (손영배) | 진로, 공부 방법 | 진학이 아닌 진로를 모색하는 방법 소개 | 직업의 주체가 자신이라는 확신을 얻고 싶을 때, 내 또래의 직업 선택에 대한 이야기를 듣고 싶을 때 |

| | | | |
|---|---|---|---|
| 공상이상 직업의 세계 (김봉석) | 진로, 직업 소개 | 영화, 방송, 게임, 애니메이션 등 문화 콘텐츠 관련 직업 소개 | 4차 산업혁명 시대에 각광 받는 직업을 알고 싶을 때, 학생들이 가장 관심 갖는 방송이나 만화에 대한 현실적 이야기 |
| 부키 전문직 리포트 시리즈 (김민식) | 직업 소개, 전문직 인터뷰 | 각 직업에 종사하는 전문인들의 인터뷰를 바탕으로 한 사실적 직업 소개 | 각 직업의 세부 분야별로 종사자들이 살아온 삶, 소신, 경험을 솔직하고 현실적으로 전달해 주기 때문에 원하는 진로에 대한 사실적이고 현실적인 조언을 듣고 싶을 때 |
| 자유학기제 엄마가 알면 성공한다 (주지동 외) | 자유 학기제 | 자유학기제 활동 소개 | 자유학기제 동안 할 학교 활동에 필요한 책을 고를 때 |
| 꿈의 수업 자유학기제, 아일랜드에서 찾다 (양소영) | 자유 학기제 | 자유학기제 성공 사례 소개 | 자유학기제에 대한 이해를 통해 우리 아이에게 맞는 책을 고를 때 |

다섯

# 책으로 마음다리 놓기

나는 엄마한테는 ‘딸’이고, 내 아이들에게는 ‘엄마’이며, 남편에게는 ‘아내’이고, 학교에서는 ‘선생님’이자 ‘누군가의 동료’이다. 아이들도 마찬가지로 성장하면서 ‘자식’, ‘학생’, ‘친구’ 등 여러 가지 역할을 한다.

다양한 역할의 시작이 바로 청소년기, 다른 이름으로 ‘사춘기’다. 그 시작에 가장 중요한 것은 부모와 자식 간에 마음다리를 놓는 것이다. 마음다리는 공감이다. 책은 사춘기의 시작과 끝 사이에 마음다리를 놓는 좋은 역할을 할 수 있다.

성장소설은 부모가 지나갔고 자식이 지나갈 다양한 사춘기 고민을 담고 있다. 아이와 함께 성장소설을 읽으면서 공감의 바탕을 마련해보자. 공감의 바탕이 마련되었다면 이제 세상으로 눈을 넓혀야 한다. 우리 목표는 사춘기 아이들의 마음을 어루만지는 동시에 한 ‘인간’으로 성숙하도록 돕는 것이기 때문이다.

빠르게 변화하고 하루에도 수많은 정보가 쏟아져 나오는 시대에 대한 이해와 소통이 필요하다. 이때 지역과 시대의 한계를 뛰어넘는 데 지식소설과 신문 읽기가 도움이 될 수 있다. 이런 과정을 거쳐 아이는 어떤 ‘사람’으로 살아갈 것인가에 대해 생각하게 되고, 꿈을 찾는 정신적 성장을 이룰 수 있다고 믿는다. 스스로 미래를 계획하고 이에 필요한 책을 찾아 읽는 자립 독서를 통해 우리 아이의 생각의 깊이는 더욱 깊어질 것이다.

1

# 성장소설로 서로 공감하기

요즘 학생들을 보면 '남 탓, 남과의 비교, 매사에 무감각함'이 습관처럼 되어 있다. "왜 저만 갖고 그러세요." "저는 왜 사는지 모르겠어요." "쟤가 잘못했는데 왜 저도 잘못했대요?" 이런 말들을 교사 생활에 비례해서 매년 점점 더 많이 듣는 것 같다.

요즘 노랫말 중에 "사인을 보내, 시그널 보내, 찌릿찌릿하게……"라는 게 있다. 책으로 토닥거리며 서로 소통하기 위해서는 부모와 아이가 먼저 서로를 이해해야 한다. 노랫말 표현처럼 '시그널'을 서로 찌릿찌릿하게 주고받을 수 있어야 한다. 청소년기는 아이에서 어른으로 성장하는 중간 단계, 즉 성인도 아이도 아닌 어정쩡한 단계이다. 그러다 보니 아이는 정신적 방황을 겪기도 하고, 고뇌·고민·불안에 휩싸이기도 한다. 그것은 쓰나미가 되어 부모도 같은 상태에 빠지게 만든다. 둘 다 그런 상태이다 보니, 자기의 상처와 고민이 더 크다고 생각하며 갈등이 커진다. 그렇기 때문에 서로에 대한 이해가 무엇보다 필요하다.

서로에 대한 이해와 공감을 도울 수 있는 것이 바로 책이다. 사춘기는 아이가 어른으로 성장해가는 데 하나의 통과의례에 불과하다는 것을 인식하고, 사춘기라서 겪는 방황과 불안, 긍정적 변화와 부정적 결과 등을 책을 통해 간접적으로 경험할 수 있다.

책이 부담스럽다면 텔레비전 프로그램부터 시작해도 된다. 드라마 〈응답하라 1988〉을 보면서 그 당시를 살았던 부모들과 그때를 경험하지 못한 자녀들은 많은 이야기를 나눌 수 있다. 그 당시 삶의 단편들이 다 이야깃거리가 된다. 이를 통해 아이는 부모의 어린 시절을 간접적으로 경험한다. 또 〈프로듀스 101〉 시즌 2를 보면서는 요즘 아이들의 언어(나는 1회당 30번씩은 나오는 '픽'이 자기가 좋아하는 연습생을 뽑는다는 뜻인 걸 해당 프로그램이 끝나갈 때쯤 알 수 있었다.)나 좋아하는 것, 싫어하는 것 등 그들의 문화가 또 이야깃거리가 된다.

이러한 이야기들로 소통의 물꼬를 텄다면 성장소설로 넘어가보자. 요즘은 교육상 텔레비전을 두지 않는 가정도 있는데, 그렇다면 바로 성장소설부터 시작해도 된다. 청소년을 대상으로 한 다양한 소재의 성장소설 가운데 내 아이와 이야기할 거리가 있는 책부터 시작하는 게 좋다.

엄마들 대부분은 아이의 독서 이력을 알고 있다. 우리 아이는《밤티 마을 큰돌이네 집》을 초등학교 4학년 때 읽었는데, 내가 살았던 그 시절을 책으로 읽은 아이와 더 깊이 이야기하기 위해 나는 아이에게 그 책을 빌려 읽었다. 그리고 말을 걸기 시작했다. 엄마 어렸을 때보다 조금은 더 옛날이지만 엄마도 큰돌이네 같은 경험이 있노라고. 아이와 눈높이를 맞춰 같은 책을 가지고 이야기를 시작하니 아이가 그 시절에 관심을 갖게 되고, 그 시대에 대한 책을 더 찾아 읽게 되었다.

"사랑이란 같은 곳을 함께 바라보는 것"이라는 어느 영화의 대사처럼, 남녀 관계만이 아니라 부모와 자식 사이도 마찬가지다. 서로의 눈높이에 맞추라고 주장하기보다는 같은 곳을 바라보며 공감하고 함께하려고 노력하는 것이 필요하다.

"엄마, 아빠 어렸을 땐 어려워도 잘했는데, 너는 다 해주는데 왜 그러니?" 같은 잔소리로 들릴 말보다는 그 시대를 배경으로 한 쉬운 책들을 매개로 대화를 시작해보거나 부모의 학창 시절을 공유해보면 어떨까.

아이와 소통하기 위해서는 또 어떻게 해야 할까? 요즘 아이들의 문화 가운데 대세는 스웩이 넘친다는 힙합이다. 음악, 패션, 오락거리 모두 힙합에서 시작한다. 예능 프로그램의 영향일 수도 있겠지만, 우리가 '서태지와 아이들'의 〈교실 이데아〉에 흠뻑 빠졌을 때를 생각해보면, 사회적 불만이나 자신의 이야기를 직설적으로 이야기하는 힙합에 빠지는 것은 우리 때와 다르지 않다. 〈고등래퍼〉, 〈쇼미더머니〉나 〈프로듀스 101〉을 보면서 말을 걸어보자. 아이와 함께 읽기 쉬운 힙합 관련 성장소설로《싸이퍼》가 있다. 웹툰이나 만화는 더 다양하다.《노블레스》,《힙합몬스터》같은 웹툰도 있고,《힙합》이라는 만화도 있다. 우리도《언플러그드 보이》를 읽으며 자란 세대가 아닌가. 세상이 변했다고 해도 우리와 아이들이 다르지 않다는 것을 잊지 말아야 한다. 모양이 다를 뿐 사춘기를 겪으면서 사회적 성숙을 준비하는 알맹이는 같으니까 말이다.

인터넷소설을 좋아하는 여자아이들이 많다. 인터넷소설이 유치하고 비속어나 이모티콘을 많이 사용한다고는 하지만, 요즘 아이들의 학교에 대한 로망을 이해하기에는 좋다. 남자아이들은 판타지소설에 심취한 경우가 많다. 판타지소설은 학교도서관에 별도 코너가 마련될 정도로 권

수도 엄청나고 인기도 많다. 읽는 것을 넘어서서 한 반에 한두 명은 이런 글을 써서 게시판에 올리기도 한다. 아이들은 이런 소설들을 작가에 대한 취향에 상관없이 소재를 중심으로 많이 읽는다. 대개 그 소재는 학교에서 연애하는 것, 학교에서 싸움 짱이 되는 것, 낮에는 학생이지만 밤에는 마법사나 뱀파이어가 되는 것 등이다. 장르에 상관없이 결국 우리 아이들은 친구들에게 빛나는 존재, 대단한 존재, 특별한 존재가 되길 꿈꾸고 있다. 무조건 읽지 마라 한다고 안 읽을 것도 아니고, 괜히 갈등만 키우기보다는 함께 읽고 인터넷소설의 장단점이나 그 소재가 왜 마음에 드는지 등을 이야기해보며 소통하는 것이 더 좋다.

아이와 쉽고 재밌게 읽을 수 있는 성장소설과 만화(웹툰 포함)를 몇 권 소개할까 한다. 이 외에도 많은데, 딸과 함께 읽은 책들 위주로 목록을 작성했다. 전문가가 추천하는 책도 좋겠지만 아이의 독서 이력과 수준을 잘 아는 사람은 부모다. 아이들과 목록의 주제를 중심으로 함께 읽을 책을 골라보거나 소개하는 목록에 추가해보면 어떨까.

**아이와 함께 읽는 성장소설·만화 목록**

| 주제 | 제목 | 작가 | 출판사 |
|---|---|---|---|
| 7080시대 알기 | 밤티마을 큰돌이네 집 | 이금이 | 푸른책들 |
| | 중국인 거리 | 김용희 | 사피엔스21 |
| | 소년이 온다 | 한강 | 창비 |
| | 나 어릴 적에 1~3 | 위기철 글<br>이희재 그림 | 게나소나 |

| | | | |
|---|---|---|---|
| 가족 이야기 | 짱뚱이 시리즈 세트 (전 6권) | 오진희 글<br>신영석 그림 | 파랑새어린이 |
| | 돼지가 한 마리도 죽지 않던 날 | 로버트 뉴턴 팩<br>(김옥수 옮김) | 사계절 |
| | 사춘기 가족 | 오미경 | 한겨레아이들 |
| | 어느 날 가족이 되었습니다 | 박현숙 | 서유재 |
| | 불량 가족 레시피 | 손현주 | 문학동네 |
| | 가족입니까 | 김해원 외 | 바람의아이들 |
| | 완벽한 가족 | 로드리고<br>무뇨스 아비아<br>(남진희 옮김) | 다림 |
| 우리 아이 연애 로망 | 소년, 소녀를 만나다 | 황순원 외 | 문학과지성사 |
| | 19세 | 이순원 | 문이당 |
| | 첫 키스는 사과 맛이야 1 | 고운기 | 놀 |
| | 신데렐라와 네 명의 기사 | 백묘 | 반디출판사 |
| | 꽃미남 라면 가게 | 김민정 | 네이버웹툰 |
| 힙합 문화 | 싸이퍼 | 탁경은 | 사계절 |
| | 밤을 들려줘 | 김혜진 | 바람의아이들 |
| | 열여덟 소울 | 김선희 | 살림Friends |
| | 시는 노래처럼 | 소래섭 | 프로네시스 |
| | 내가 너의 시를 노래할게 | 콜린 후버<br>(박아람 옮김) | RH코리아 |
| | 노블레스 | 이광수 그림<br>손제호 글 | 네이트웹툰 |

| | 힙합 몬스터 | 그리네모 | 네이트웹툰 |
|---|---|---|---|
| | 힙합 | 김수용 | 카카오페이지 |
| 사춘기 마음 열기 | 너도 하늘말나리야 | 이금이 | 푸른책들 |
| | 굿바이 미스터 하필 | 김진경 | 문학동네 |
| | 다이어트 학교 | 김혜정 | 자음과모음 |
| | 위시 | 바바라 오코너 (이은선 옮김) | 놀 |
| | 기필코 서바이벌 | 박하령 | 살림Friends |
| | 썸머썸머 베케이션 | 이희영 | 살림Friends |
| | 나의 라임오렌지나무 | 바스콘셀로스 (박동원 옮김) | 동녘 |

### 성장소설 고르고 읽을 때 도움이 되는 책

《십대마음 10大 공감》 (김미경 외 지음, 찰리북)

《내 인생의 성장소설》 (강애라 외 지음, 한국도서관저널)

《어른도 읽는 청소년 책》 (박상률 지음, 한국도서관저널)

《푸른 책 푸른 꿈》 (김요아킴 외 지음, 해성)

《이렇게 재미있는 책이라면》 (박현희 지음, 북하우스)

2

# 지식소설로 세상 이해하기

이제 '중2병'은 하나의 사회적 용어로 쓰인다. 그 외에도 '미운 정신적 네 살', '극악 사춘기', '사춘기의 한가운데', '무소의 뿔처럼 혼자서 가려는 시기', '적과 한 하늘을 이고 살 수 없다는 조상님들의 말이 생각나는 시기' 등으로도 불린다.

그렇다면 목적의식 없이 바람에 나부끼는 극악 사춘기 아이들에게 "왜?"라는 질문에 답하기 위해서 우리는 어떻게 해야 할까? '소통'에 답이 있다. 사춘기는 어린이에서 성인이 되어가는 중간 단계다. 이 시기에는 부모와의 소통, 친구와의 소통이라는 단계를 넘어서서 학교(선생님)와의 소통, 세상과의 소통으로 그 폭이 넓어져야 한다. 하지만 이 넓은 세상을 다 배우고 그 많은 사람을 다 만날 수는 없다. 이때도 책이 필요하다.

부모가 아이였을 때는 세상을 보는 폭이 좁았다. 하지만 요즘 아이들은 인터넷을 통해 세계와 연결되어 있어 세상 끝 소식도 몇 초면 알 수 있다. 하지만 음식 재료가 많아도 그 재료를 가지고 어떻게 요리하느냐에 따라 맛과 형태가 다르듯이, 아무리 많은 정보가 있어도 제대로 가공하고 사용하지 못하면 소용이 없다. 부모가 살아온 다양한 경험을 뛰어넘을 정도로 무한한 정보를 가지고 있는데 왜 부모와 아이는 서로를 이해할 수 없을까? 가장 큰 장애 요인은 바로 '소통'이다. 그 정보가 탄생된 시대적·사회적·문화적 배경이 부모와 다르기 때문이다. 그리고 현재 자신의 경험과 상황이 어떠하냐에 따라서도 다르게 받아들여진다.

예를 들어, "연탄재 함부로 발로 차지 마라 / 너희는 누구에게 한 번이라도 뜨거운 사람이었느냐"라는 안도현 시인의 시가 있다. 우리에게 연탄은 새벽마다 눈을 비비며 연탄을 갈러 나가던 엄마의 모습, 겨울이면 미끄러지지 말라고 연탄재를 뿌리던 일, 연탄이 난로도 되고 요리 기구도 되던 모습 등을 추억하게 한다. 하지만 아이들에게 연탄은 1980년대 자료 사진일 뿐이다. '연탄'이라는 단어에 대한 경험, 마음, 추억이 뒤섞여 있는 부모 세대와는 다르게 아이들은 단지 그것을 지식으로 접근할 뿐이다.

부모 입장에서도 〈프로듀스 101〉을 보면서 101명의 이름과 얼굴을 모두 연결 짓는 아이들을 보면 이해가 안 된다. 특히 아이들이 '인소'라고 해서 즐겨 읽는 인터넷소설을 보면 난무하는 욕과 앞뒤 연계성이 하나도 없는 스토리에 머리를 흔들기 일쑤일 것이다.

이렇듯 단순히 상식과 지식의 측면에서 접근하려고 하면 서로 이해하기 어렵고, 서로에게 하는 질문과 답은 동문서답일 뿐이다. 이러한 경험과 지식 사이의 거리를 지식소설로 줄일 수 있다.

지식소설은 다양한 분야의 지식들을 소설처럼 하나의 이야기 형식으로 만든 것이다. 지식소설이란 쉽게 이야기해서 아이들이 많이 보는 'Why?' 시리즈 같은 학습 만화의 소설 버전이다. 인문, 사회, 철학, 역사, 과학 등 장르에 제한도 없고, 스토리의 제한도 없다. 어렵지 않고 내용도 충실한 지식소설은 분야에 대한 특별한 지식이나 소양이 없어도 소설처럼 물 흐르듯 읽을 수 있다.

**도움이 될 지식소설 목록**

| 주제 | 책 제목 | 지은이 | 출판사 |
|---|---|---|---|
| 인문 사회 | 우정 지속의 법칙 | 설흔 | 창비 |
| | 토요일의 심리 클럽 | 김서윤 | 창비 |
| | 꿈 RNA | 안영국 | 창비 |
| | 체 게바라와 여행하는 법 | 신승철·이윤경 | 사계절 |
| | 삐뚤빼뚤 가도 좋아 | 이남석 | 사계절 |
| | 수상한 화가들 | 박석근 | 사계절 |
| 철학 | 장자, 아파트 경비원이 되다 | 김경윤 | 사계절 |
| | 프랑켄슈타인과 철학 좀 하는 괴물 | 문명식 | 나무를심는사람들 |
| | 데카르트, 철학에 딴죽을 걸다 | 김용관 | 탐 |
| | 동양고전 철학자들, 셜록홈즈가 되다 | 박기복 | 행복한나무 |
| | 자유나라 평등나라 | 오가와 히토시 (서슬기 옮김) | 바다출판사 |
| | 내 손 안의 인문학, 꿈의 문 | 조선우 | 책읽는귀족 |

| | | | |
|---|---|---|---|
| 과학 수학 | 시크릿 패밀리 | 데이비드 보더니스 (김옥진 옮김) | 웅진지식하우스 |
| | 따개비 박사 다윈, 은수를 만나다 | 박성관 | 나무를심는사람들 |
| | 책과 천재들 1: 지구의 끝, 남극에 가다 | 빌 나이 · 그레고리 몬 (남길영 옮김) | 와이즈만BOOKs |
| | 하노이의 탑 | 네가미 세이야 (서혜영 옮김) | 해나무 |
| | 수학 걸 | 유키 히로시 (김정환 옮김) | 동아일보사 |
| | 구봉구는 어쩌다 수학을 좋아하게 되었나 | 민성혜 | 갈매나무 |
| | 수학귀신 | H. 엔첸스베르거 (고영아 옮김) | 비룡소 |
| | 놀라운 도형의 세계 | 안나 체라솔리 (박진아 옮김) | 에코리브르 |
| | 해를 구하라 | 안소정 | 창비 |

3

# 신문 읽기로 세상과 소통하기

인간의 발달 단계를 이분화해서 나를 중심으로 보는 '주관'과 남(사회)을 중심으로 보는 '객관'으로 나눈다면 사춘기는 어떤 시기일까?

| | |
|---|---|
| 아동기 | 객관 |
| 사춘기 | 주관 |
| 청년기 | 주관 + 객관 |

위에서 보듯 사춘기는 주관이 지배하는 시기로, '나는 누구? 여긴 어디?' 하는 식으로 자신을 되돌아보게 된다. 이 시기를 잘 보내야만 사회라는 객체와 조화를 이룰 수 있고, 주관과 객관의 조화로운 융합을 통해 멋진 어른으로 성장할 수 있다.

신문은 세상을 보는 창이며 온갖 세상살이에 대한 보고서이기도 하다. 그래서 아이들이 살아갈 사회에 친숙해지고 미래를 준비하는 데 신문만

한 게 없다. 또한 부모에게서 벗어나 세상을 보는 다양한 시각을 가질 수 있고, 세상과 간접적으로 끊임없이 소통하기에도 좋다.

## » 신문 읽기를 처음 시작한다면

요즘은 인터넷으로 기사를 쉽게 읽을 수 있어서인지 '신문 = 쉽다'는 인식이 있지만 신문 읽기가 그렇게 만만한 것은 아니다. 정치, 사회, 경제, 연예, 문화 등 세상을 구성하는 모든 분야를 망라하고 있는 게 신문이다 보니 이해하기 어려운 내용도 많다.

그럴 때는 부모와 아이가 같은 주제 또는 같은 분야를 정한 후 신문 기사를 하나씩 찾고 커다란 스케치북에 붙여보자. 그리고 각자 다양한 형광펜을 사용해서 의미 있는 구절이나 인상 깊은 구절, 이해 안 가는 구절 등에 표시한 후에 방문이나 냉장고에 붙여놓고 오가며 읽는다. 서로에 대한 관심사도 알 수 있고 서로의 기사 스크랩에 짤막한 메모를 해 넣으면서 간접적인 대화도 가능하다. 처음 시작할 때는 잡지도 좋다. 그때그때 시사에 적합하고 상식도 배울 수 있기 때문이다.

**참고할 만한 잡지**

《신나는 NIE 시사원정대》 - 동아이지에듀

《펀펀 NIE》 - 이태종NIE연구소

《우등생 논술》, 《우등생 과학》 - 천재교육

《초등 독서평설》, 《중등 독서평설》 - 지학사

## » 체계적으로 신문 읽기를 하고 싶다면

한국언론진흥재단(www.kpf.or.kr)에서 운영하는 FORME(www.forme.or.kr)를 활용하면 가정에서도 손쉽게 신문을 활용한 다양한 활동을 할 수 있다. 학부모용 지도안, 신문 활용 교육 교재 자료, 학습지 양식과 'e-NIE툴'까지 무료로 이용 가능하다. 학습지 양식을 부모와 아이가 함께 주 1~2회 꾸준히 하면 좋다. 파일 하나는 아이용, 하나는 부모용으로 준비해서 포트폴리오처럼 정리하고 서로의 학습지에 의견을 적어볼 수도 있다. 전국대회도 운영하고 있어 부모와 자녀가 함께 대회에 도전해 보는 것도 좋다. 대회에 참여하게 되면 목표 의식도 생기고 꾸준한 신문 읽기가 가능해진다.

**참고할 만한 책**

《국어시간에 신문읽기 1, 2》(공규택 지음, 우리학교)

《레오나르도 다빈치에게 배우는 논술 진법》(주장환 외 지음, 일진사)

## » 생각 주고받기(대화)를 통해 신문 읽기를 하고 싶다면

요즘 아이들은 댓글에 관심도 많고 페이스북 메시지(아이들은 '페메'라고 함)를 통해 짤막한 단상을 전달하는 것도 좋아한다. SNS상에 조회 수나 '좋아요' 수를 올리기 위해 '관종(관심 종자)'이라고 해서 특이한 행동이나 발언을 하는 학생도 많다. 아이들의 이런 특성을 이용해서 신문 기사를 읽고 기사에 대한 생각이나 느낌을 아이와 단톡이나 페메로 주고받거나, 인터넷 기사에 달려 있는 댓글에 대한 생각을 나눠보는 것도 좋다. 단톡이나 페메 모두 사진 첨부가 가능하기 때문에 관심 기사를 캡처해서 대화를 주고받으면 대화의 질이 높아지고 생각의 깊이를 더할 수 있다.

신문 읽기에서 무엇보다 중요한 것은 부담 없이, 쉽게, 편하게 접근하는 것이다. 아이들에게 신문은 사회로 내딛는 첫걸음이다. 그 걸음을 긍정적이고 편안한 마음으로 시작할 수 있도록 다독다독해주는 부모의 배려가 필요하다.

4

# 진로 독서로 스스로 성장하기

지금까지 사춘기라는 높은 언덕을 힘겹게 넘어왔다면, 이제 비탈을 내려갈 마음의 준비를 해야 한다. 아이를 이해하고 아이와 소통했다면 한 걸음 더 나아가 어른으로 성장하도록 도와주어야 한다. "나에게는 꿈이 있습니다. 그래서 꿈을 꾸고 꿈을 위해 나아가는 사람이 되고자 합니다."라는 마틴 루터 킹 목사의 연설처럼 아이들이 꿈을 꿀 수 있도록 이끌어주어야 한다는 것이다. 꿈이 있어야 미래가 있고, 어른으로 성장할 힘을 얻을 수 있다.

## » 스스로 성장하도록 돕는 3단계

### 1단계 - 포스트잇 대화

무엇보다도 먼저 아이와의 대화가 중요하다. 하지만 사춘기 아이와 마주 앉아 대화를 하는 것이 쉽지만은 않다. 사실 학원이다 뭐다 해서 차분하게 앉아 이야기할 시간 자체가 부족하기도 하다. 사춘기 아이들은 학교에서도 '혹시 비난 받지 않을까, 혹시 이상하게 생각하지 않을까' 걱정되어 발표도 잘 안 한다. 그러니 꿈에 관해 부모와 마주 앉아 이야기하는 것을 어려워할 수도 있다.

마주 보고 대화하기가 쑥스럽거나 막막할 때는 '포스트잇 대화'를 해보면 좋다. '포스트잇 대화'란 포스트잇에 써놓은 메모에 포스트잇으로 댓글을 다는 것이다. 예를 들어, '나는 ○○이 되고 싶어요'로 시작하는 포스트잇을 방문이나 냉장고에 붙이면 가족들이 그에 대한 의견이나 생각을 적은 포스트잇을 붙이는 식이다. 이때 비난은 금지다. 엄마는 분홍색, 아빠는 노란색, 언니는 하늘색, 이런 식으로 색깔을 구분해서 포스트잇을 가지고 있어도 좋다. 포스트잇 색깔만 보고도 누가 내 꿈에 댓글을 달았는지 알 수 있으니까 말이다. 그러면 온 가족이 참여하는 꿈의 대화가 가능해져서 아침 식탁에서나 저녁에 텔레비전을 보면서 어느 때라도 이야기할 거리가 생긴다.

**2단계 - 마인드맵으로 정리하기**

포스트잇이 생각의 확산이라면 마인드맵은 생각의 정리다. 즉 포스트잇을 통해 꿈에 대한 다양한 생각들을 만들어냈다면, 이제 마인드맵을 통해 그 생각들을 중요한 키워드별로 정리하자는 것이다. 마인드맵(생각그물)은 지도를 그리듯이 주요 줄거리와 내용을 이해하며 정리하는 방법으로, 읽고 생각하고 분석하며 기억하는 모든 것을 마음속에 지도로 그린다.

마인드맵을 작성할 때는 일반적으로 다음의 일곱 가지 원칙을 기준으로 한다.

**마인드맵 작성의 7원칙**

① 종이의 중심에서 시작한다.

② 중심 생각을 나타내기 위해 이미지나 색깔을 이용한다. (세 가지 이상의 색깔)

③ 전체적으로 색깔을 사용한다.

④ 중심 이미지에서 주 가지로 연결한다. 주 가지의 끝에서부터 부 가지로 연결한다. 그리고 부 가지의 끝에서 세부 가지를 연결한다.

⑤ 구부리고 흐름 있게 가지를 만든다.

⑥ 각 가지당 하나의 키워드만을 사용한다.

⑦ 전체적으로 이미지를 사용한다.

스마트폰이나 컴퓨터에서 마인드맵 소프트웨어(앱)를 활용하여 마인드맵을 작성할 수도 있다.

**마인드맵 소프트웨어(앱)**

- ThinkWise – 1997년에 출시된 한국에서 가장 오래된 국산 마인드맵 소프트웨어. 영어, 독일어, 일본어 등 8개 국어 버전으로 제공된다.
- OKMindmap – 웹(www.okmindmap.com)상에서 마인드맵을 그릴 수 있다. 무료, 프리 마인드 형태로 다운받을 수 있다.
- simpleMind – 유료·무료 복합 마인드맵 소프트웨어다. 웹페이지는 www.simpleapps.eu/simplemind. 아이폰, 윈도우, 맥 플랫폼을 지원한다.

- freeMind – 무료 마인드맵 소프트웨어다. 'freemind.sourceforge.net'에서 이용할 수 있다. 자바 기반으로 플랫폼에 무관하며, 오픈 소스 프로젝트로 자유롭게 기능을 추가할 수 있다.
- xmind – 다양한 기능과 깔끔한 인터페이스의 마인드맵 소프트웨어. 윈도우, 리눅스, 맥 등 모든 플랫폼을 지원한다. www.xmind.net
- ALMind(알마인드) – 무료 소프트웨어지만 유료 마인드맵 소프트웨어에서 제공하는 기능 대부분을 지원한다. 영어 버전은 MindMaple이고, MindMaple은 아이패드, 아이폰, 맥에서도 사용 가능하다.

### 3단계 – 꿈나침반 만들기

이제 꿈나침반을 만들어보자. 꿈나침반은 앞서 해놓은 마인드맵을 참고해서 만들 수 있다. 먼저 미리 작성한 마인드맵이 그려진 종이와 새 종이 한 장을 준비한다. 새 종이에는 꿈의 대화를 적는다. 꿈의 대화란 거울을 마주 보고 나와 나의 꿈이 대화를 하는 것이라고 생각하면 된다. 대화 내용은 '내가 하고 싶은 것'을 중심으로 자유롭게 써나간다. 이때 과거, 현재, 미래를 기준으로 다음에 제시하는 예시를 참고해서 만들면 좀 더 쉽게 정할 수 있다.

| | |
|---|---|
| 과거 | 했던 것, 할 수 있는 것 |
| 현재 | 관심(흥미) 있는 것, 하고 싶은 것 |
| 미래 | 앞으로의 일반적인 전망, 잘하게 될 수 있는 것 |

꿈의 대화를 하다 보면 막연하게 생각하던 꿈들이 하나의 형태를 갖추

게 된다. 사실 사춘기 아이들은 무지개와 같아서 관심도 일곱 가지 색깔 무지개처럼 다양하다. 하지만 대화를 해나가다 보면 성인이 되어서까지 지속적으로 하고 싶고 자신이 잘할 수 있는 것을 발견하게 된다.

마인드맵에서 다양한 부 가지들(무지개 같은 아이들의 관심)을 꿈나침반을 기준으로 동그라미를 쳐가면서 가지치기를 하다 보면 하나의 꿈으로 집중되는 것을 발견할 수 있다. 구분하기 쉽게 색깔펜을 사용하면 더 좋다. 무인도에 갈 때 가져갈 것을 20개에서 10개로, 다시 5개로, 1개로 줄여나가는 심리 기법을 사용해서 마인드맵의 다양한 부 가지들 가운데 꿈나침반을 기준으로 처음에는 20개, 20개 중 10개, 10개 중 5개, 5개 중 1개로 줄여나가는 것도 한 방법이 될 수 있다.

### » 스스로 성장하도록 돕는 책 고르기

앞서 우리 집 책 큐레이션 하기, 읽을 책 목록 만들기 등을 통해 책을 고르는 다양한 방법과 사전 작업 등을 소개했다. 다음 단계인 진로 독서 로드맵을 시작해보자. 진로 독서 로드맵은 결정된 꿈(진로)을 중심으로 읽을 책 목록을 아이가 스스로 확정하는 독서 전 활동부터 독서 후 활동까지 아우르는 활동을 말한다. 왜냐하면 자기 주도적 독서, 즉 자립 독서를 통해 아이가 필요한 책을 스스로 고르고 읽고 독후 활동까지 이어지는 전 과정이 필요하기 때문이다. 이때도 꿈을 정할 때와 마찬가지로 부모는 조언자의 위치라는 것을 잊지 말아야 한다.

처음에는 앞서 소개한 책 고르기 방법을 이용해서 부모가 함께 책을 골라준다. 그러다가 아이의 '꿈' 키워드로 부모와 아이가 각자 책을 골라 보고 서로의 목록을 비교하면서 솎아내는 작업을 한다. 같은 키워드로 다른 결과를 얻든 비슷한 결과를 얻든 꿈을 주제로 한 이 활동을 통해 아이와 부모 간에 대화와 이해의 폭이 더 깊어지고 넓어질 수 있다. 최종적으로 아이가 책 고르기에 익숙해졌다면 스스로 책을 고르게 한다. 여기까지 왔다면 이제 자립 독서가 가능한 단계가 되었다는 만족감을 가져도 좋다.

**책 고르기 방법**

인터넷서점 검색창에 각자의 꿈에 대한 키워드를 넣는다. → 연령층(아동, 청소년)으로 1차 솎아내기를 한다. → 미리보기나 인터넷 서평 등을 이용해 2차 솎아내기를 한다. → 자신의 독서 수준 및 '꿈'을 기준으로 3차 솎아내기를 한다. (버리기 아까운 책은 찜하기 등을 이용해 모아놓는다.)

## » 진로 독서 로드맵 짜기

꿈을 결정하고 책을 고르는 과정에서 소통하고 대화하면서 서로를 깊이 이해할 수 있었을 것이다. 이제 마지막 단계인 진로 독서 로드맵을 짜보자.

나는 순서대로 표로 그리는 것을 좋아한다. 수업할 때도 학습지를 만들어서 사용하는데, 내용의 서술보다는 하나의 표로 요약, 정리해야 학습 요소를 놓치지 않고 가르칠 수 있어서다. 그래서 독서 계획을 짜서 실천할 때도 순서도같이 그림으로 그려서 전달해보면 어떨까 생각하게 되었다. 책읽기나 독후 활동이 막연해서인지 우리 딸이나 그동안 가르쳤던 학생들 말로는, 한눈에 볼 수 있고 체크하기 편하고, 무엇보다 자신의 꿈에 지속적으로 집중할 수 있어서 좋다고 한다.

꿈이 있다면, 그리고 그 꿈이 삶의 지표가 되어 인생의 나침반이 된다면 사춘기의 험난한 과정의 막을 내리고 멋진 미래를 만들어갈 수 있을 것이다.

진로 독서 로드맵은 크게 1차, 2차로 나눠서 진행해볼 수 있다. 처음에 이것을 시작한 계기는 꿈이 너무 많은 딸 때문이었다. 꿈이 없는 것도 문제지만 꿈이 너무 많아서 어쩔 줄 몰라 하는 것도 문제였다. 그러다가 학교에서 학생들이 자기소개서를 써야 할 일이 많다 보니, 꿈이나 진로 계획에 대한 결정을 남들보다 빨리해야 하는 특목고나 자사고를 가려는 학생들에게 활용하기 시작했다. 지금은 어느 학생이든 원하면 진행하고 있다.

1차 활동지와 2차 활동지, 그리고 학교 자체 형식의 독서 기록 카드를 묶어서 제본하거나 파일에 끼워서 포트폴리오처럼 만들면 관리하기도 쉽고 스스로도 자신의 꿈에 집중하며 독서 활동을 할 수 있다. 이뿐 아니라 학교에 제출할 때에도 확실한 목표 의식과 노력을 보여줄 수 있어서 일석삼조이다.

이러한 진로 독서 로드맵은 아이들의 독서 활동에 도움이 되는 것만이 아니라, 한 걸음 한 걸음 꿈을 이루기 위해 스스로 나아가고 있음을 확신시켜줄 수도 있다. 부모도 조력자로서 아이에게 관심을 가지고 아이의 포트폴리오에 응원 메시지나 감상평을 써서 아이의 꿈을 이루기 위한 과정을 응원해주자.

### 진로 독서 로드맵 1차 활동 - 독서 및 독후 활동 하기

그렇다면 독후 활동은 어떻게 해야 할까? 독후 활동은 부담 없으면서 활용도가 높아야 한다. 2012년에 '책으로따뜻한세상만드는교사들' 선생님들이 '사이언스 북 페스티벌'에서 독서 멘토링을 했다. 많은 학생이 독후 활동에 대한 부담을 가지고 있었다. "엄마가 책 100권 읽고 독서록 100개 쓰면 핸드폰 바꿔준대요.", "독후감 쓰기 싫어서 책 읽기 싫어요." 같은 반응이 많았다. 그러나 진로 독서의 경우에는 꿈을 정하고 책을 고르고 읽는 과정이 있기 때문에 이런 극단적인 말은 잘 나오지 않는다. 하지만 부담은 있을 수 있다.

피할 수 없으면 즐겨라! 부담을 덜 수 없다면 쓸모를 만들어주면 된다. 독후 활동 방법은 찾아보면 많은데, 학교에 제출하려면 학교 자체 양식에 맞게 다시 작성해야 한다. 특히 인터넷에 있는 내용을 그대로 베끼는 문제가 있어서 요즘은 자필로 써서 내는 경우가 많다. 독후 활동과 학교 양식으로 두 번 하지 말고 처음부터 학교에 제출해야 하는 독서 기록 양식에 써보자. 초등학생 자녀라면 같은 학군의 중학교에서 사용하는 독후 활동 양식을 학교 홈페이지에서 내려받아 활용하면 좋다. 대부분의 중학교는 학교 홈페이지에서 학교 자체 독서 기록 양식을 내려받을 수 있게 되어 있다.

내가 근무하는 학교에서 쓰는 양식을 소개해본다. 학교마다 양식이 다르지만 큰 차이는 없고, 이 틀을 크게 벗어나지는 않을 것이다.

### 독서 기록 카드 양식(예시)

<table>
<tr><th colspan="5">독서 기록 카드</th></tr>
<tr><td colspan="5">(　　)학년 (　　)반 (　　)번 이름 (　　　　　　)</td></tr>
<tr><td rowspan="2">도서</td><td>도서명</td><td></td><td>지은이</td><td></td></tr>
<tr><td>출판사</td><td></td><td>읽은 기간</td><td></td></tr>
<tr><td>해당 교과<br>또는 분야</td><td colspan="2">(　　　　) 교과</td><td colspan="2">(　　　　) 분야</td></tr>
<tr><td colspan="2">내용<br>줄거리, 내 생각의 변화,<br>가장 인상적인 내용과 그 이유,<br>나에게 영향을 미친 점 등의<br>내용을 기록</td><td colspan="3">내용은 반드시 자필로 기록하고 인터넷에서 다운받은 내용이나 자료를 복사한 내용은 인정 안 함</td></tr>
<tr><td colspan="2">내용 요약 및<br>읽고 난 후 느낌</td><td colspan="3"></td></tr>
</table>

### 진로 독서 로드맵 2차 활동 - 색인표 만들기

앞서 읽을 책 목록을 작성해서 책을 읽고 독후 활동을 진행해보았다. 이제는 색인표를 만들 차례다. 도식화된 표는 아이들에게 스스로 전문가처럼 느껴지게 하는 효과가 있다. 표로 정리해야 하기 때문에 진로를 명확하고 구체적으로 설정할 수 있도록 도와준다. 마지막으로 작성자(아이 본인)와 조력자(부모) 서명을 넣어보자. 서명을 하게 되면 아이들이 더 큰 책임감을 느낄 수도 있고, 더 진지하게 진로에 대해 생각하는 기회도 된다.

**진로 독서 로드맵 색인표 만들기**

<table>
<tr><th colspan="4">[진로 독서 로드맵] 1차</th></tr>
<tr><th colspan="4">작성자: OOO (서명), 조력자: OOO (서명), OOO (서명)</th></tr>
<tr><td colspan="4">'○○○(지은이)'을 읽고 (감상, 요약, 인상 깊은 구절, 독후 활동)을 통해<br>(느낀 점, 깨달은 점, 감동한 점, 새롭게 알게 된 점, 내 진로와 관련된 점)에<br>(감동함, 깨달음, 이해함, 알게 됨, 진로를 확고히 함).</td></tr>
<tr><th colspan="2">인문 (국어, 도덕, 영어)</th><th colspan="2">사회 (사회, 역사)</th></tr>
<tr><td>제목(지은이)</td><td>읽은 날짜</td><td>제목(지은이)</td><td>읽은 날짜</td></tr>
<tr><td></td><td></td><td></td><td></td></tr>
<tr><th colspan="2">요약(예시)</th><th colspan="2">요약(예시)</th></tr>
<tr><td colspan="2">《도가니》(공지영)를 읽고, 비리를 외면하고 돈만 생각하는 사회의 어둡고 부정적인 측면을 알게 되었고, 장애인 학대의 상황을 통해 장애인에 대한 처우 개선이 시급하다는 것을 깨달음.</td><td colspan="2">《심리학의 모든 것》(강현식)을 읽고 심리학의 개념과 용어를 알고, 오해 때문에 생긴 상황을 어떻게 대처하면 좋은지를 배우고, 상황을 판단하는 이성과 다양한 각도에서 상황을 볼 수 있는 안목을 길러야 함을 깨달음.</td></tr>
</table>

| 과학 (수학, 과학, 기술가정) | | 예술 (음악, 미술, 체육) | |
|---|---|---|---|
| 제목(지은이) | 읽은 날짜 | 제목(지은이) | 읽은 날짜 |
| 요약(예시) | | 요약(예시) | |
| 《노빈손 미스터리 별 화성 구출 대작전 1, 2》(박경수)를 읽고 화성에 대한 이론과 다양한 과학적 지식을 배움으로써 우주에 관심을 갖게 됨. | | 《음악회에 대한 궁금한 몇 가지》(크리스티아네 데빙켈)를 읽고 고전음악과 음악회에 대해 잘 몰랐던 이론을 배우는 계기가 되었고, 그와 관련한 고전 음악가를 공부함. | |
| 분야: (교과: ) | | 분야: (교과: ) | |
| 제목(지은이) | 읽은 날짜 | 제목(지은이) | 읽은 날짜 |
| | | | |
| 요약 | | 요약 | |
| | | | |
| 분야: (교과: ) | | 분야: (교과: ) | |
| 제목(지은이) | 읽은 날짜 | 제목(지은이) | 읽은 날짜 |
| | | | |
| 요약 | | 요약 | |
| | | | |

이 색인표를 보면서 '자기 진로에 관한 책만 읽으면 되지 않나? 왜 인문, 사회, 과학, 예술 등 이렇게 다양한 분야까지 읽어야 하지?'라는 궁금증이 생길 것이다.

몇 년 전 서울의 한 의과대학 면접에 일곱 개의 방이 등장했다고 한다. 일곱 개의 방을 모두 거치면 면접이 끝나는데 그 방들에서는 정치, 경제, 사회, 과학, 예술 등 각기 다른 분야의 내용을 물었다. 의사가 수학이나 과학만 잘하면 되지 왜 다른 분야도 알아야 할까? 의사는 사람의 생명을 다루는 직업이므로 사람과 사람이 사는 사회, 인류애 등을 갖추지 않으면 진정한 의사가 될 수 없다고 본 것이다. 의과대학만이 아니라 한 게임회사 워크숍에서도 하나의 프로그램을 1박 2일 동안 개발하는 과제를 기획자인 문과 출신과 개발자인 이과 출신으로 묶어 수행하게 했다고 한다.

중학교나 고등학교에서 독서 활동을 '나이스(NEIS, National Education Information System)'에 올릴 때도 과목별로 나눠서 올리는 것을 권장한다. 담임선생님에게 제출해서 올리게 되면 '공통'으로 기록되고, 교과 선생님에게 가져가면 해당 교과목 독서 활동으로 기록된다. 교과별로 독서가 분명하게 구분되지는 않지만 과목별로 나누다 보면 다양한 독서를 할 수밖에 없다. 몇 과목에 해당하는 독서를 하느냐가 중요하다기보다는 학교 활동 중에 독서를 얼마나 골고루 하고 있는지 점검해보는 것이다. 사실 과목이란 인위적으로 나눈 것일 뿐 사회는 다양한 분야가 서로 얽혀 있다. 좋아하는 것만 하기보다는 좋아하지 않는 것도 할 수 있는 융통성을 기를 수도 있다. 나무를 보기보다는 숲을 보라는 말처럼, 진로 하나만 보기보다는 진로와 관련 있는 다양한 사회 요소와 학문에 대한 이해가 있을 때 꿈을 더 크게 이룰 수 있다.

사춘기 아이를 보면서 속만 끓이고 매일 전쟁 중이어서 고민하고 있다면, 조금만 용기를 내보기를 바란다. 아이든 어른이든 해보지 않으면 할 수 있다는 것을 모른다. 사춘기를 겪고 있는 아이를 키우는 부모로서, 또한 10여 년을 사춘기 한가운데 있는 아이들을 가르치는 교사로서 이 책을 차근차근 따라 해보라고 권하고 싶다. 부모로서 마음 준비를 하고 아이와 책으로 마음다리를 놓고, 책으로 아이의 꿈을 함께한다면 아이의 사춘기 극복만이 아니라 부모로서 한 단계 성숙하는 계기가 되리라 믿는다.

## 여섯

# 토닥토닥 책 상담실

사춘기 아이를 둔 부모로서 다양한 궁금증이 생긴다. 문제는 궁금증에 대한 해답을 들을 데가 없다는 것이다. 학교 담임선생님께 물어보자니 우리 아이가 문제 있다고 볼까봐 걱정이고, 또래 학부모와 이야기하자니 서로 궁금증만 있으니 넋두리로 끝나기가 쉽다.

여러분의 궁금증을 풀 수 있는 책의 도움을 받아보면 어떨까? 우선 궁금증을 과거, 현재, 미래로 구분해보자. '과거'는 부모다. 이 책의 첫 장에서 마음 준비를 하는 이유는 아이와 소통하기 위한 필수 단계로, 부모들이 하는 많은 고민 중에 상당 부분이 부모 자신의 문제일 수 있다. 부모들이 아이에 가려 미처 몰랐던 자신의 내면을 발견하는 데 도움이 되는 책을 소개하고자 한다.

'현재'는 사춘기를 겪고 있는 지금의 아이이다. 아이가 현재 하고 있는 다양한 고민들을 알고 아이의 눈높이에서 바라볼 수 있는 책을 추천하려고 한다. '미래'는 아이가 살아갈 앞날이다. 아이의 꿈과 변화에 대처하는 법, 자립하는 법 등에 도움이 되는 책들을 제시하려고 한다.

목적이 있는 독서이므로 부모와 아이 어느 쪽에 도움이 더 되는지 중심을 잡으면 읽을 때 도움이 될 부분을 찾기 쉽다. 필요한 책을 더 잘 고를 수 있도록, 부모에게 더 도움이 되는 책은 **부모**, 아이에게 더 도움이 되는 책은 **아이**, 부모와 아이 모두에게 도움이 되는 책은 **모두** 라고 표시를 해두었다. 아이에게 책을 건네기 전에 부모가 먼저 읽어보고 아이와 책 대화를 나누면 소통의 문이 활짝 열리리라 기대한다.

# 1

## 과거를 돌아보자
### - 엄마, 아빠는 이런 걱정이 있어요

**언젠가는 부모를 떠날 아이와 떠나보내야 할 부모가 서로 독립 준비를 잘 해나가는 데 도움이 되는 책이 있을까요?**

**《릴리에게, 할아버지가》**

(앨런 맥팔레인 지음, 이근영 옮김, 알에이치코리아)

아이 손녀 릴리에게 전하는 스물여덟 통의 편지에서 할아버지는 '나'와 '관계' 그리고 '세상'에 대한 여러 가지 이야기를 들려준다. '어떤 편견에도 휘둘리지 않고 당당하게 네 길을 걸어가라'고 응원해준다. 부모에게 의존만 하려는 아이에게 독립의 중요성을 알려줄 수 있다.

## 《소년이여, 요리하라!》

(금정연 외 지음, 우리학교)

아이 11명의 남자 어른들이 자신들이 직접 요리했던 경험담을 재미있게 풀어놓은 책이다. 자립을 하기 위해서는 의식주 문제도 스스로 해결해야 한다는 것을 알려주고, 청소년들에게 나만의 요리를 시작하는 용기를 가지게 한다.

## 《나에게 돈이란 무엇일까?》

(이시백 외 지음, 철수와영희)

아이 돈과 교육의 관계, 용돈의 활용과 올바른 소비, 돈과 평화의 문제, 돈의 철학, 문학 작품에 나타난 돈 이야기 등 다양한 주제와 접근을 통해 어려운 '돈' 이야기를 청소년의 눈높이에서 쉽게 소개한다. 돈에 대한 올바른 시각을 가지고 욕망을 조절하며 행복한 삶을 살아갈 수 있는 방법을 생각하게 한다.

## 《팬티 바르게 개는 법》

(미나미노 다다하루 지음, 안윤선 옮김, 공명)

아이 일본 최초의 기술·가정 과목 남자 교사인 저자는 청소년이 인생을 살아가기 위해 '살아갈 힘'을 갖추게 하는 4대 자립(생활적·경제적·정신적·성적 자립)과 '생활력'을 실생활에 연결 지어 안내하면서 자립적인 어른이 될 수 있도록 돕는다.

## 《우리는 작은 가게에서 어른이 되는 중입니다》

(박진숙 지음, 사계절)

아이 학교 밖 청소년들이 도시락을 만들고 배달하는 사회적 기업에서 일하면서 시행착오를 겪고, 진짜 어른으로 성장해나가는 좌충우돌 도전기를 담고 있다. '자립'의 진정한 의미와 자립하기 위해 어떻게 해야 하는지에 대해 생각해볼 수 있다.

## 《딸에게 주는 레시피》

(공지영 지음, 한겨레출판)

모두 소설가 공지영이 쉽고 간단하게 만들 수 있는 요리법들을 알려주면서, 딸이 자신을 찾고 씩씩하게 살아갈 수 있도록 인생의 여러 문제에 대해 엄마로서 솔직하고 따뜻하게 조언해주는 책이다. 엄마 입장에서 딸에게 들려줄 이야깃거리를 생각해낼 수 있어 대화의 물꼬를 트려고 할 때 도움이 된다.

## 《정리의 신》

(스기타 아키코 · 사토 고시 지음, 윤수정 옮김, 돌베개)

모두 간단하면서도 실천하기 쉬운 정리 비결을 청소년의 눈높이로 소개한다. 청소년들을 위한 책이지만 생활이 정리가 안 되어 쩔쩔매는 어른들에게도 유용해 부모와 아이가 함께 실천해보면서 친밀감을 높일 수 있다.

Q

**아이가 우울해하고 죽고 싶다는 말도 가끔 해요. 아이가 그렇게 말하니 저도 우울해지고요. 서로의 마음을 건강하게 할 수 있는 책이 있을까요?**

**《돼지가 한 마리도 죽지 않던 날》**

(로버트 뉴턴 펙 지음, 김옥수 옮김, 사계절)

아이 저자의 자전적 소설로, 어려운 가정 형편과 계속된 불행 속에서도 희망을 잃지 않는 삶의 진정성에 대해 얘기하고 있다. 키우던 돼지와 아버지의 죽음이라는 극단적 불행조차도 긍정적으로 받아들이는 주인공을 통해 삶을 바라보는 긍정적 시각을 키울 수 있게 한다.

---

**《희망의 이유》**

(제인 구달 지음, 박순영 옮김, 궁리)

아이 평생을 침팬지와 함께한 제인 구달의 삶의 철학이 담겨 있는 책이다. 살아 있는 모든 것을 위한 노력으로 지구의 미래를 희망적으로 만든다는 메시지를 통해 삶에 대한 성찰, 살아 있는 것에 대한 감사함, 다른 생명을 위해 내가 할 수 있는 일에 대한 교훈을 얻을 수 있다.

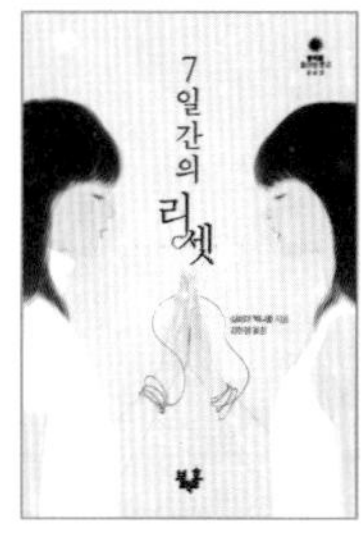

### 《7일간의 리셋》

(실비아 맥니콜 지음, 김인경 옮김, 블랙홀)

아이 학교 폭력, 입양, 친구 관계 등에서 여러 문제를 안고 살아가다가 죽음에 직면하여 다시 주어진 일주일의 삶을 살아내려 애쓰는 소녀의 이야기를 통해 생각 없이 하루하루를 흘려보내는 청소년들이 스스로를 돌아볼 기회를 가질 수 있다.

### 《선생님, 나랑 친구할래요?》

(은예담 지음, 문학의전당)

아이 열아홉 살 여고생이 쓴 100여 편의 시 모음집으로, 사춘기에 겪을 수 있는 다양한 고민이 담겨 있다. 아이들은 이 시들을 통해 자기 혼자만의 고민과 상처가 아니며, '시'라는 긍정적 방법으로 극복할 수 있다는 희망을 얻을 수 있다.

### 《책가방을 메고 오늘도 괜찮은 척》

(전진우 지음, 팜파스)

모두 '따뜻한 손길과 위로를 기다리는 청소년을 위한 마음 치유 일러스트 에세이'라는 부제가 붙어 있다. 10대들의 고민과 복잡한 심정을 따뜻하게 들여다보고 공감하며 마음을 치유해주고자 하는 메시지를 재미있는 그림과 함께 담은 책이다. 자신을 성찰하고 고민을 해결하는 데 도움이 될 것이다.

## 《내 생애 단 한번》

(장영희 지음, 샘터)

모두 두 다리를 쓰지 못하는 소아마비로 1급 장애인이 됐지만 장애를 딛고 영미문학자이자 수필가로 살아온 저자는 연이은 암 투병 속에서도 감사의 마음으로 생활하며 세상 사람들에게 희망적이고 긍정적인 삶을 보여준다. 아이에겐 부모, 부모에겐 아이라는 존재 자체에 대한 감사를 다시금 일깨울 수 있다.

**사춘기 아이와 다투다 보면 험한 말을 하거나 아이의 자존감을 죽이는 행동을 하는 저를 발견해요. 저를 다스리고 아이에게 좋은 영향을 줄 수 있는 책이 있을까요?**

## 《엄마의 말 공부》

(이임숙 지음, 카시오페아)

부모 '기적 같은 변화를 불러오는 작은 말의 힘'이라는 부제가 붙어 있다. 부모가 쉽게 내뱉는 부정적인 말 대신 공감하고 소통함으로써 아이의 행동에 변화를 일으키는 다섯 가지 말하기 방법을 알려준다. 엄마의 언어생활을 돌아보고, 좀 더 행복한 일상을 만들어나가는 데 도움이 된다.

**《엄마가 믿는 만큼 크는 아이》**

(기시미 이치로 지음, 오시연 옮김, 을유문화사)

부모 친구 같은 엄마, 친구 같은 아빠가 되는 방법을 알려준다. 아이도 어른과 평등한 인간이라는 사실을 바탕으로 아이에게 용기를 주는 방법, 아이가 자신을 사랑하고 자립해나갈 수 있도록 지원하는 방법 등을 저자의 육아 경험을 곁들여 풀어내었다.

**《좋은 부모의 시작은 자기 치유다》**

(비벌리 엔젤 지음, 조수진 옮김, 책으로여는세상)

부모 자신이 받은 정서적 상처나 학대가 그대로 대물림된다는 인식에서 출발한다. 아이의 행복 이전에 부모가 행복해지는 치유 방법을 소개하고 있다. '아이는 부모의 거울'이라는 말처럼 부모가 올바른 자기상을 가져야 아이도 올바로 성장할 수 있다.

**《부모의 딜레마, 매》**

(박기복 지음, 행복한나무)

부모 매를 맞고 자란 아이들, 매를 때린 부모들의 경험담을 바탕으로 이야기를 풀어간다. 무조건 매를 드는 것도, 전혀 매를 들지 않는 것도 잘못이며, 매의 딜레마를 철학적으로 풀어나가면서 올바른 훈육의 의미를 생각하게 한다.

### 《욕하는 내 아이가 위험하다》

(황지현 지음, 팬덤북스)

부모 아이들의 욕과 언어 사용 실태 등을 구체적으로 보여주면서 욕하는 버릇을 고치기 위한 다양한 방법을 제시한다. 말끝마다 욕하는 아이들을 문제라고 보기에 앞서 어른들의 언어생활을 되돌아보는 기회가 될 것이며, 부모의 언어생활이 중요하다는 것도 깨닫게 될 것이다.

### 《부모와 아이 사이》

(하임 G. 기너트 외 지음, 신홍민 옮김, 양철북)

부모 감정 코칭에 대한 부모 교육서의 고전이다. 아이와 부모의 심리 치료 경험의 결과물을 바탕으로 부모와 아이의 문제를 해결할 수 있는 실천적 방법을 제시하고 있다. 자녀를 대하는 부모의 마음가짐을 다질 때 도움이 된다.

### 《엄마, 왜 나한테 그렇게 말해?》

(데보라 태넌 지음, 김고명 옮김, 예담)

모두 딸은 엄마가 비판한다고 불평하고, 엄마들은 딸이 자신을 밀어낸다고 불평하는 것은 만국 공통인 듯하다. 해묵은 상처를 치유하고 관계의 균형을 회복하는 대화 방법을 소개하고 있다. 서로 덜 상처 받고 더 이해하고 싶은 딸과 엄마가 읽으면 좋은 책이다.

2

# 현재를 생각하자

## - 아이는 이런 고민을 해요

**아이가 사춘기에 들어섰는지 부쩍 짜증도 많이 내고, 대화도 안 하려고 해요. 부모와 자녀가 서로 이해하면서 사춘기를 극복하는 데 어떤 책이 도움이 될까요?**

**《우리 엄마는 왜?》**

(김고연주 지음, 돌베개)

아이 '인간적으로 궁금한 엄마의 이해'라는 부제가 붙어 있다. 엄마들의 삶을 다각도로 살펴보면서 엄마라는 존재에 대해 더 깊이 알게 하고, 엄마이기 이전에 한 사람임을 이해하는 데 도움이 된다.

## 《지금 내 아이 사춘기 처방전》

(이진아 지음, 한빛라이프)

부모 초4부터 중3까지 다양한 사춘기 아이들을 상담한 내용을 유형별로 정리하여 사춘기를 대하는 부모의 자세를 전달하고 있다. 저자가 알려주는 방법들을 우리 아이에게 적절하게 대입하여 실천한다면 더 도움이 된다.

## 《사춘기 대화법》

(강금주 지음, 북클라우드)

부모 《십대들의 쪽지》 발행인인 저자가 사춘기 아이와 좋은 관계를 유지하며 편안하게 대화하고 싶은 부모를 위해 쓴 대화 지침서다. 아이의 반응에 대해 부모가 어떻게 대처해야 하는지, 아이와 대화할 때 어떤 말투를 쓰는 것이 좋은지 등 실질적인 팁을 제시하고 있어 도움이 된다.

## 《엄마도 가끔은 엄마가 필요해》

(김소원 지음, 북플라자)

모두 살아온 삶이 잘못되지 않았다는 위로를 해주는 것만으로도 정신적 상처는 치유된다고 한다. 이 책은 '당신은 아이들을 잘 키우는 좋은 엄마가 되려 하지 말고 편안하게 아이들을 사랑하라'는 공감의 메시지를 전달하고 있다.

## 《사춘기라서 그래?》

(이명랑 지음, 탐)

모두 사사건건 부딪치는 사춘기 딸과 엄마의 일상을 사실적으로 묘사한 청소년 소설이다. 교복 맞추는 날, 시험 기간 등 사춘기 딸의 속마음과 그런 딸을 바라보는 엄마의 일기장이 핑퐁식으로 전개되면서 흥미진진한 사춘기 극복 스토리가 담겨 있다.

## 《지금 독립하는 중입니다》

(하지현 지음, 창비)

모두 '정신과 의사 하지현의 십대 마음 관찰기'라는 부제에서 알 수 있듯, 사춘기에 대한 의학적이고 객관적인 이해를 돕는다. 사춘기 시절에 찾아오는 마음의 변화를 알려주고, 사춘기는 독립하고 성장하기 위해 찾아오는 자연스러운 과정임을 이해하게 되는 책이다.

## 《외계인에게 로션을 발라주다》

(김미희 지음, 휴머니스트)

모두 생활 속에서 일어날 수 있는 엄마, 아빠, 사춘기 아이의 이야기를 담은 시집이다. 가족이 함께 공감하고 서로 이해할 수 있게 하는 일상의 다양한 이야기를 각자의 시선으로 들려주고 있다. 짤막한 단상들이 읽는 부담을 줄여준다.

**우리 아이가 친한 친구와 사이가 안 좋아졌다고 속상해하고, 다른 친구들을 잘 못 사귀네요. 어떤 책으로 도움을 줄 수 있을까요?**

### 《데미안》

(헤르만 헤세 지음, 서유리 옮김, 위즈덤하우스)

아이 인기 아이돌 그룹 '방탄소년단'의 노랫말에도 인용되었던 헤르만 헤세의 명작으로, 친구로 인해 변해가는 주인공 싱클레어와 데미안을 통해 '나는 어떤 친구인가, 어떤 친구가 될 것인가'를 알려주는 책이다. 친구가 가장 중요한 사춘기 아이들이 친구의 의미를 다시금 생각해볼 수 있다.

---

### 《우정이 맘대로 되나요?》

(문지현 · 박현경 지음, 글담출판)

아이 질투, 애착, 외로움, 경쟁심 등 사춘기 여중생들이 친구 관계 때문에 겪는 고민들을 편지를 통해 들려준다. 짤막한 글들이 읽는 부담을 줄여줘 책을 좋아하지 않는 아이들도 쉽게 읽을 수 있다. 정신건강 전문의가 답장을 통해 친구 관계의 해법까지 들려줘 답답한 마음을 풀어준다.

## 《진정한 우정》

(장 자크 상뻬 지음, 양영란 옮김, 열린책들)

아이 편안하면서도 유머 있는 그림으로 유명한 프랑스 일러스트레이터인 장 자크 상뻬의 우정에 대한 생각을 담은 책으로, 일상생활에서 맺는 수많은 관계와 아이 자신이 생각하는 우정의 의미를 생각해볼 수 있다.

## 《사랑과 우정에 대하여》

(류대성 외 엮음, (주)학교도서관저널)

아이 사랑과 우정을 담은 소설과 에세이, 칼럼 등 다양한 관점에서 쓴 글들을 수록한 책이다. 세상을 보는 시각도 넓힐 수 있으며, 쉽고 부담 없이 다양한 글을 읽으면서 사랑과 우정이라는 관계 맺기에 대해 생각해볼 수 있게 한다.

## 《우정 지속의 법칙》

(설흔 지음, 창비)

모두 처음 친구를 사귀는 법부터 우정을 키워나가는 법, 이별을 맞는 법까지 안내해주는 책이다. 고전, 영화, 옛사람들의 일화 등을 곁들여 친구 관계에서 꼭 지켜야 하는 11가지 법칙을 소개한다. 부모가 친구 문제로 고민하는 아이에게 충고하고 싶을 때 유용한 팁이 될 수 있다.

### 《곰씨의 의자》

(노인경 지음, 문학동네어린이)

[모두] 자신의 의자에 앉아서 조용하고 규칙적인 삶을 즐기는 곰씨와 토끼가 어느 날 친구가 되어 즐거운 시간을 보내지만 점점 서로 불편해지고 이를 해결하는 과정을 담은 그림책이다. 행복한 관계를 이루기 위해서는 솔직함이 필요하다는 교훈을 준다. 아이에게 친구와의 관계에서 가장 중요한 것이 무엇인지 알려주고 싶을 때 도움이 된다.

**아이가 자꾸 다른 아이들과 비교하면서 열등감을 가져요. 자존감을 가지고 스스로를 사랑할 수 있게 하는 책이 있을까요?**

### 《나를 찾는 심리 탐구서》

(박진영 지음, 위즈덤하우스)

[아이] 내가 어떤 사람인지 아는 것, 나에게 어떤 장점이 있는지를 아는 것만으로 큰 힘을 낼 수 있다는 사실을 알려주고, 자신을 스스로 탐색하도록 이끌어주는 책이다. 아이에게 자신만의 장점을 찾도록 하는 데 도움이 된다.

## 《소녀, 설치고 말하고 생각하라》

(정희진 외 지음, 우리학교)

아이 여러 면에서 사회는 발전하고 있지만 여성의 지위와 성 역할에 대한 논의는 끊이지 않고 있다. 여학생들에게는 올바른 페미니즘 사고와 여성으로서의 자존감을 가지게 할 수 있고, 남학생들은 성의 차이를 인정하면서 남녀가 서로 잘 공존하는 법을 배울 수 있게 된다.

## 《타임블러썸, 소녀에서 여성으로》

(이경선 지음, 세이프티플레이북)

아이 사춘기에 겪는 외형적 변화에 대한 이해와 마음가짐을 300컷이 넘는 일러스트와 함께 따뜻하게 담았다. 인생의 주인공이 자신이고 여성으로서 스스로를 존중하며, 자신의 몸을 소중히 해야 하는 이유에 대해 설명하고 있다.

## 《열여덟, 너의 존재감》

(박수현 지음, 르네상스)

모두 존재감으로 고민하는 10대들의 모습을 그린 소설로, '마음일기'를 통해 자신을 사랑하는 법과 자존감을 회복하는 법을 알게 되는 소설이다. 학교 현장의 생생한 모습과 아이들의 학교생활을 간접적으로 이해할 수 있어 부모에게도 도움이 된다.

### 《내 멋대로 혁명》

(서화교 지음, 낮은산)

모두 청각장애인 엄마, 이혼 후 다른 가정을 꾸려 사는 아빠를 둔 열네 살 주인공의 씩씩한 성장기. 행운이나 우연을 바라기보다는 스스로 즐거운 혁명을 하기로 한 주인공의 첫 번째 다짐은 나 자신을 사랑하는 것. 새로운 변화는 거창한 데서 시작하는 게 아니라 자존감을 가지는 것에서 출발한다는 메시지를 담고 있다. 가족 간의 관계에 대해서도 생각해보게 하는 책이다.

Q

**아이가 이성 친구가 생긴 것 같아요. 건전한 이성 교제를 하면 좋겠는데, 불안하고 걱정이 되네요. 어떤 책으로 설명하고 대화를 해보면 좋을까요?**

### 《소녀, 사랑에 말을 걸다》

(박기복 지음, 행복한나무)

아이 소녀가 이성 친구를 사귀면서 자신도 몰랐던 또 다른 면을 스스로 발견하게 되고, 싸우고 헤어지는 과정에서 사람에 대한 예의와 진정성이 필요함을 배우는 과정을 담고 있다. 이성 교제를 하는 여학생에게 권하면 좋을 책이다.

### 《언제 어디서나 사람들과 잘 어울리는 법: 이성친구 편》

(알렉스 J. 파커 지음, 전하늬 옮김, 시그마북스)

아이 10대들이 이성 친구를 사귈 때 지켜야 할 품행과 말이나 태도를 소개해 이성 친구들 사이에서 지켜야 할 매너를 알려준다. 욕이나 거친 행동이 강하고 멋있어 보인다는 오해를 하는 아이들에게 진정한 강함과 멋을 생각해보게 하는 기회도 된다.

### 《사랑을 물어봐도 되나요?》

(이남석 지음, 사계절)

아이 사랑에 대한 궁금증을 풀어가는 책으로, 10대를 주인공으로 해 청소년의 눈높이에서 사랑을 보다 알기 쉽게 설명해준다. 어른들에게 묻지 못하는 다양한 궁금증을 담고 있어 공감하며 읽을 수 있다.

### 《키다리 아저씨》

(진 웹스터 지음, 김옥수 옮김, 비꽃)

아이 작가 자신의 경험담으로, 청소년기부터 대학 시절까지 성장 과정에서 느낀 고통과 상처, 성숙을 연애편지 형식을 빌려 쓴 소설이다. 정신적 교감의 연애가 주는 기쁨, 인간적 성숙 등을 소박하고 담담하게 그려낸 이 책을 통해 이성에 대한 마음과 교감의 중요성을 간접적으로 배울 수 있다.

Q

**아이가 야동도 보는 것 같고 요즘 부쩍 성에 관심이 많은데, 직접 이야기하기 쑥스러워요. 바른 성 의식을 갖도록 도움도 주고, 책을 통해 대화를 나눌 수 있을까요?**

### 《못 말리는 호기심 솔직한 대답》

(시와 도티 맥도웰 지음, 최유신 옮김, 예영커뮤니케이션)

모두 아이들의 성(sex)에 대한 궁금증과 그에 대해 부모가 할 수 있는 솔직한 대답이 최근의 연구 결과와 함께 담겨 있다. 현실적인 성교육을 해야 하지만 차마 직접 이야기할 수 없을 때 도움이 된다. 아이들도 입 밖에 내기 어려운 호기심과 궁금증을 해결할 수 있어 좋다.

---

### 《돌직구 성교육》

(제인 폰다 지음, 나선숙 옮김, 예문아카이브)

모두 사춘기를 맞아 몸과 마음의 변화를 겪고 있는 청소년과 부모를 위한 솔직한 성교육 책이다. 20년간 상담을 통해 직접 10대들과 소통한 경험을 토대로 10대 시절에 알아야 할 성 지식을 생생하게 알려준다. 청소년들은 궁금증 해결과 올바른 성 지식을, 부모들은 사춘기에 대한 이해와 상황 대처 방법에 대한 조언을 얻을 수 있다.

## 《우리 아이 성교육에 대해 꼭 알아야 할 50가지》

(린다 에어 · 리차드 에어 지음, 이자영 옮김, 원앤원스타일)

모두 성(性)과 친밀감에 대해 토론하는 방법을 알려준다. 성적인 문제만이 아닌 음주와 흡연, 경제관념, 의사 결정 방법에 대한 주제까지 사춘기 아이들이 겪는 다양한 문제를 다루고 있다. 이 책에 제시된 주제들을 아이와 함께 토론해보기 좋다.

## 《사춘기 아들에게》

(제임스 로이 지음, 이동준 옮김, 예림아이)

모두 직설적이지만 사춘기 남자아이에게 필요한 조언이 담겨 있다. 친절한 돌고래 아저씨의 답장을 통해 부모가 할 수 있는 조언에 대한 힌트를 얻을 수 있다. 남자의 성이 궁금한 여자아이에게 읽혀도 좋다.

## 《사랑을 하고 싶은 너에게》

(가와마쓰 야스미 지음, 형진의 옮김, 나무를심는사람들)

모두 '성(性)의 의미를 알아가는 생명의 수업'이라는 부제가 붙어 있다. 생명은 어디에서 왔고, 성이 무엇이며 왜 존재하는지 등을 알려준다. 읽다 보면 자연스레 성이 왜 소중하고, 그것에 대해 어떤 관점을 가져야 하는지 이해하게 된다. 성 평등 의식과 인권 감수성을 높일 수 있는 책이다.

Q

**우리 아이가 화장이나 옷, 외모에 부쩍 신경을 써요. 이 문제로 담임 선생님께서 전화도 자주 하시고요. 무조건 안 된다고 하면 싸움만 나는데, 이 문제를 조율하는 데 도움이 되는 책이 있을까요?**

**《플라스틱 빔보》**

(신현수 지음, 자음과모음)

아이 갑작스러운 사고로 외모 자신감을 잃고 친구들과 성형수술 비밀클럽을 만든 열여섯 살 소녀가 10대들의 성형을 반대하는 '안티 플라스틱 운동'의 선두에 서기까지의 과정을 통해 외모지상주의의 현실과 과연 본판을 유지하는 게 좋을까를 생각해보게 하는 소설이다.

**《대한민국 화장품의 비밀》**

(구희연 · 이은주 지음, 거름)

아이 각종 화장품에 담겨 있는 여러 가지 유해 성분을 알려주고, 정말 필요한 화장품을 고르고 쓰는 법을 소개한다. 특히 아이들이 많이 쓰는 저가 화장품의 유해성과 청소년기에 지켜야 할 화장의 기본 원칙 등을 알려주어 아이들이 화장에 대한 올바른 인식을 키울 수 있도록 한다.

## 《청소년 메이크업》

(한지수 · 이유나 지음, 북스타)

아이 청소년이 화장을 하는 것에 대해 어른들은 대체로 부정적으로 생각하지만, 10대들에게는 그것이 하나의 문화 현상이다. 반대만 하기보다는 피부 건강을 지키는 제대로 된 메이크업을 알려주는 것이 좋다.

---

## 《내 얼굴이 어때서?》

(오승현 지음, 풀빛)

아이 외모지상주의를 비판한 책으로, 외모를 기준으로 대상을 판단하지 말아야 한다는 것을 깨닫게 해준다. 더 나아가 주체적인 인격체로 성장하기 위한 방법을 제시하고 있다. 얼굴이 마음에 안 든다고 입버릇처럼 말하는 아이들에게 읽히면 더 좋다.

---

## 《예뻐지고 싶어》

(야나 프라이 지음, 장혜경 옮김, 지상의책)

아이 외모 때문에 열등감에 빠져 성형수술을 하고 싶어 하는 열일곱 살 소녀의 심리를 생생하게 그려낸 책이다. 먼저 자신을 사랑하고 예뻐해야 진정으로 예뻐질 수 있다는 메시지를 담고 있다. 예쁜 얼굴보다는 예쁜 마음이 중요하다는 것을 알려주고 싶을 때 읽히면 좋다.

## 《미인의 법칙》

(나윤아 지음, 뜨인돌)

아이 성형수술을 하고 싶어 하는 주인공의 이야기를 통해 외모지상주의를 비판하는 대신, 잘나가는 또래 집단에 소속되기 위해 성형수술을 하고 싶어 하는 청소년들의 심리를 새로운 시각으로 들여다보는 책이다. 앞서 소개한 《플라스틱 빔보》를 재미있게 읽은 아이라면 연결해서 읽혀도 좋다.

## 《왜 10대는 외모에 열광할까?》

(샤리 그레이든 지음, 김루시아 옮김, 오유아이)

모두 10대들이 어떤 기준으로 자신의 외모를 바라보고 상대방을 대해야 하는지를 10대가 알기 쉽게 쓴 책이다. 사춘기 아이를 둔 부모들도 화장을 하는 아이의 심리를 이해할 수 있어 갈등을 줄일 수 있을 것이다.

## 《외모로 차별하지 마세요》

(서석영 지음, 청년사)

모두 외모지상주의가 애완동물과 멸종 위기 동물들에게까지 퍼져 있는 사실을 담고 있는 책으로, 외모로 어떤 차별이 이루어지고 있는지 생각해볼 수 있다. 외모지상주의의 문제점을 깨닫고, 외모가 아닌 생명 그 자체가 소중하다는 것을 알려준다.

Q

**아이가 공부는 안 하고 음악만 듣고 아이돌만 쫓아다녀요. 자기도 아이돌이 되고 싶다고 하면서요. 자기를 돌아보게 하는 책이나 적절하게 팬심을 기를 수 있도록 도와주는 책이 있을까요?**

### 《가수를 꿈꾸는 네가 알아야 할 모든 것》

(내가네트워크 지음, 흐름출판)

아이 '브라운아이드걸스' 등 실력파 보컬 그룹을 키워낸 기획사가 펴낸 책이다. 기획사가 원하는 자질, 트레이닝 방법과 과정 등을 자세하게 알려준다. 가수 지망생들이 가수가 되기 위해 얼마나 힘든 과정을 거쳐야 하는지를 알 수 있다. 막연하게 가수가 되고 싶다는 아이들에게 현실적인 조언을 들려줄 때 좋다.

---

### 《모차르트 아저씨네 연예 기획사》

(이창숙 지음, 주니어김영사)

아이 모차르트가 연예 기획사 대표로 환생하여 음악의 꿈을 이루기 위해 노력했던 자신의 이야기를 들려준다. 자신이 제대로 꿈꾸고 있는지 되돌아보고 꿈을 꾸었을 때 생기는 변화는 어떤 것인지도 생각해보게 하는 책이다. 일방적으로 조언하기보다 이야기를 통해 마음으로 느낄 수 있도록 한다.

## 《목소리를 높여 high!》

(악동뮤지션 지음, 마리북스)

아이 지금의 악동뮤지션이 있게 한 성장 과정을 스스로 풀어낸 글로, 사춘기의 절정에서 꿈을 찾지 못해 부모와 대립하던 시기를 솔직하게 이야기하고 있어 같은 시기를 겪는 아이들에게 공감과 희망을 줄 수 있는 책이다.

## 《밤을 들려줘》

(김혜진 지음, 바람의아이들)

아이 연예기획사의 연습생과 아이돌 그룹에 열광하는 청소년들의 이야기를 담은 4편의 연작소설집으로 연예인이라는 화려함 속에 가려져 있는 고된 훈련과 시련, 팬덤을 바라보는 시선 등 연예인을 둘러싼 여러 사회 현상에 대해 바라볼 수 있게 한다.

## 《BTS를 철학하다》

(차민주 지음, 비밀신서)

모두 BTS(방탄소년단) 노래의 메시지와 정체성을 철학자들의 이론과 연계하여 감성적으로 해석한 책이다. BTS의 성공한 덕후인 저자를 통해 아이들에게 진정한 팬심에 대해 생각해볼 기회를 제공한다. 무조건 아이돌을 좋아하는 것을 반대하기보다는 성공한 덕후가 될 수 있도록 조언해줄 때 참고할 수 있다.

Q

**아이가 선생님이 마음에 들지 않는다며 거부감을 가지네요. 선생님에 대해 이해하거나 호감을 가지게 하는 데 도움이 되는 책이 있을까요?**

### 《나는 선생님이 좋아요》

(하이타니 겐지로 지음, 햇살과나무꾼 옮김, 양철북)

아이 아이와 어른이 함께 배우고 성장해나가는 모습이 뭉클한 감동을 주는 책이다. 겉으로 보기에는 골칫덩어리 같은 아이들이지만, 그 속에 감추어진 착한 마음을 발견하고 학교에 적응하도록 돕는 선생님의 모습이 인상적이다. 그런 선생님을 통해 우리 아이들도 선생님에 대한 긍정적인 생각이 들 것이다.

---

### 《말더듬이 선생님》

(시게마츠 기요시 지음, 이수경 옮김, 웅진지식하우스)

아이 말을 더듬는 버릇 때문에 비정규직으로 학교를 옮겨 다니는 무라우치 선생님이 만난 여덟 아이들과의 특별한 경험을 그리고 있다. 성장통을 겪고 있는 아이들과 겉모습과는 다른 따뜻한 마음을 가진 선생님의 교감을 보면서 우리 아이들도 거부감을 접고 다른 눈으로 선생님을 바라볼 수 있을 것이다.

**《선생님, 기억하세요?》**

(데보라 홉킨스 글, 낸시 카펜터 그림, 길상효 옮김, 씨드북)

(아이) 자기 마음속을 살며시 들여다보고 따뜻한 격려를 해주신 선생님 덕분에 어엿한 어른으로 자라나 내일이면 첫 출근을 한다. 그 때는 미처 몰랐던 고마움을 담은 그림책이다. 자신의 선생님이 얼마나 특별한 분인지 생각해보는 기회가 될 수 있다.

**《1반 선생님》**

(참쌤스쿨 편집부 엮음, 천재교육)

(모두) 아이들과 선생님들이 학교에서 겪는 이야기와 선생님이 되기 위해 준비했던 과정들을 초등학교 선생님들이 직접 그린 웹툰으로 보여준다. 선생님에 대한 새로운 시각을 보여줄 수 있고, 부모들은 학교 현장을 생생하게 알 수 있어 아이와 학교를 이해하는 데 도움이 된다.

**《선생님도 아프다》**

(양곤성 지음, 팜파스)

(모두) 학생, 학교와의 관계에서 상처 받는 선생님들에게 감정 다스리는 방법을 알려주는 책이다. 학교에서 일어나는 많은 문제에서 교사의 생각과 감정을 알 수 있게 되어 부모와 학생이 선생님을 이해하고, 같은 인간이라는 공감을 갖게 하는 데 도움이 된다.

3

# 미래를 바라보자
## - 꿈을 이루고 싶어요

**늘 꿈이 없고, 하고 싶은 게 없다고 하는 아이에게 어떤 책을 권하면 좋을까요?**

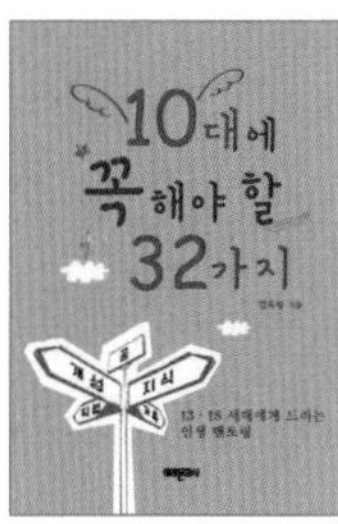


**《10대에 꼭 해야 할 32가지》**

(김옥림 지음, 미래문화사)

아이 꿈이 없고 하고 싶은 게 없다면 아이가 '나다움'을 찾는 것이 우선! 지피지기면 백전백승이라고 '나'에 대해 알면 알수록 하고 싶고 되고 싶은 것을 찾게 된다. 이 책은 10대가 가지는 다양한 고민, 나다움을 위한 삶의 자세 등에 대해 진실한 조언을 하고 있어 나다움을 찾고 꿈을 향해가는 디딤돌이 될 수 있다.

## 《진로를 정하지 못한 나, 비정상인가요?》

(최현정 지음, 팜파스)

아이 다양한 직업 세계와 꿈을 정하는 방법에 대한 조언을 담고 있다. 전망 있는 직업들을 소개하면서 꿈을 정하는 구체적인 방법과 그 과정에서 겪을 수 있는 아이들의 고민을 따뜻한 시선으로 들어주고 있다.

## 《아무것도 하고 싶지 않은 나에게》

(문지현 지음, 뜨인돌)

아이 아무것도 하고 싶어 하지 않고, 모든 걸 귀찮아하는 10대들에게 무기력에서 벗어나 내 삶의 주인으로 사는 법을 알려주는 책이다. 무기력에게 내주었던 삶의 주도권을 되찾아 스스로 생각하고 결정하고 실행하는 삶을 살 수 있게 돕는다.

## 《#진로스타그램》

(청년기획단 너랑 지음, 내인생의책)

아이 10대를 위해 다양한 행사와 멘토링 프로그램을 기획하는 '청년기획단 너랑'의 멘토 9명이 중요한 인생 키워드를 하나씩 내걸고 꿈을 찾아갔던 자신들의 10대 시절 이야기를 들려준다. 직접 경험한 내용을 토대로 들려주는 이야기는 공감과 위로, 그리고 현실적인 도움을 준다.

## 《꿈 RNA》

(안영국 지음, 창비)

[아이] '나를 찾으며 자라는 4인 4색 진로 탐색기'라는 부제가 달린 이 책은 자아와 진로라는 테마를 구체적 에피소드들을 활용해 풀어내고 있다. 진로를 고민하고 있는 청소년들에게 꿈을 찾아가는 방법에 대해 생각해볼 수 있게 한다.

---

## 《좋아하는 과목으로 진로를 찾아라》

(김상호 지음, 노란우산)

[모두] 이 책은 진로 선택을 위한 여러 가지 기준과 분야별로 진로를 찾는 방법, 해당 계열별 유망 학과 등을 소개하고 있다. 아이들과 상담해보면 하고 싶은 건 없어도 좋아하는 과목이나 그나마 덜 지루한 과목은 있기 때문에 계열별로 접근해보는 것도 구체적이고 분명해서 도움이 될 것이다.

---

## 《진짜 공신들이 쓰는 미래 자서전》

(임재성 지음, 더디퍼런스)

[모두] 30년 후의 나를 상상해보고, 그렇게 만들어가는 과정을 학창 시절, 청년 시절, 중년 시절로 나눠 써보는 미래 자서전. 이 책을 읽으면서 자신의 미래상을 설정해보면 꿈이 없는 아이들, 아무것도 하고 싶지 않았던 아이들도 미래를 그려볼 수 있을 것이다.

Q

**아이가 학원도 가기 싫어하고 공부도 하기 싫다고 해요. 부모 입장에선 아이의 미래를 위해서 공부는 필요한 것 같은데, 잔소리 대신 추천할 만한 책이 있을까요?**

### 《이토록 공부가 재미있어지는 순간》

(박성혁 지음, 다산3.0)

아이 공부할 마음이 없는 아이들에게 자신이 경험한 공부가 재미있어지는 순간을 들려준다. 마음만 먹으면 뭐든 할 수 있다는 막연한 응원보다는 '이렇게 해봐, 그러면 너도 느낄 수 있을 거야.'라고 구체적인 상황을 만들어주는 이 책이 훨씬 도움이 될 것이다. 공부의 목적이 성적이나 성공이 아니라 '성장'이라는 메시지를 담고 있다.

---

### 《공부하는 인간》

(KBS 공부하는 인간 제작팀 지음, 예담)

아이 동양인이 공부에 매달리는 이유, 세계의 공부 전쟁, 공부의 최강자 유대인, 미래의 공부 등 다양한 시각에서 공부에 대해 탐구하고 있다. 책을 싫어하는 아이라면 동명의 다큐멘터리를 보여주는 것도 좋다. 공부가 호불호의 문제가 아닌 생존의 문제임을 깨달을 수 있어 공부에 대한 필요성을 느끼게 될 것이다.

## 《공부톡 인생톡》

(오대교 · 황선찬 지음, 북작)

(아이) '공부와 인생이 재미있어지는 64가지 이유'라는 부제가 붙어 있다. 공부는 왜 하는지, 무엇을 어떻게 공부해야 하는지, 진로는 어떻게 찾아야 하는지, 인간관계는 어떻게 맺어야 하는지 등 학생들이 많이 하는 질문과 고민에 대해 아이들 눈높이에서 현실적으로 조언해주고 있다.

## 《꿈이 있는 공부》

(사교육걱정없는세상 기획, 김진애 외 지음, 시사IN북)

(부모) 교육 시민단체인 '사교육걱정없는세상'에서 열었던 강좌 내용을 담은 책. 꿈이 없는 시대, 입시와 출세에만 몰두하는 공부의 시대에 우리 아이들의 마음이 올곧게 자랄 수 있는 '꿈이 있는 공부'를 위해 어떻게 해야 할지에 대한 이야기들이 담겨 있다.

## 《공부의 락》

(김찬기 지음, 국일미디어)

(모두) 지체 장애 1급을 극복하고 서울대에 입학한 저자의 공부 방법과 인생철학을 담고 있다. 단순히 성적만을 올리기 위한 공부가 아니라 세상과 소통하고 꿈을 이루기 위해 공부하는 모습을 통해 공부의 즐거움을 배울 수 있다.

Q

**아이가 매일 자기 방에 틀어박혀 스마트폰만 하고 다른 것에는 관심을 안 가져요. 그러다 보니 사회에 적응할 수 있을까 걱정도 돼요. 아이가 열린 마음으로 현실에 관심을 가지게 할 수 있는 책이 있을까요?**

**《와이파이를 먹어버린 펄럭 바지들》**

(박은숙 지음, 킨더랜드)

아이 설화를 빌려와 유쾌하게 엮은, '인터넷 바르게 쓰기'와 관련되는 내용을 담은 판타지 동화이다. 게임을 어떻게 즐겨야 하는지, 인터넷에 글은 어떻게 써야 하는지, 댓글은 어떻게 달아야 하는지, 다른 사람의 신상 정보나 저작물은 어떻게 다루어야 하는지 등을 재미있게 배울 수 있다.

---

**《Wi-Fi 지니》**

(뤽 블랑빌랭 지음, 곽노경 옮김, 푸른숲주니어)

아이 21세기 판 '알라딘과 요술 램프'. 노트북 속에 사는 지니 이포와 컴퓨터로 놀 때 가장 행복한 10대 소년 파비앵. 이들이 가상과 실제를 넘나들며 모험을 벌인다. 그 속에 디지털 기술에 중독된 채 살아가는 현대 청소년의 모습을 날카롭고 유머러스하게 풍자하고 있다.

---

## 《시작하겠습니다, 디지털 육아》

(정현선 지음, 우리학교)

부모 아이들의 현명한 미디어 사용을 고민하는 부모들에게 디지털 적기 교육을 시작할 시기, 만화와 게임 중독 피하기, 디지털 이용 규칙 정하기 등 각 가정에서 디지털 육아의 원칙을 세우는 데 도움이 될 내용을 소개한다.

## 《슬기로운 미디어생활》

(권혜령 외 지음, 우리학교)

모두 교육 현장에서 미디어 교육을 연구해온 교사들과 미디어 전문가들이 쓴 청소년을 위한 미디어생활 안내서다. 웹툰, 게임, SNS, 유튜브 등 디지털 미디어 환경에 둘러싸여 생활하는 청소년들이 그러한 미디어들의 특징과 부작용 등을 바로 알고 슬기롭게 활용할 수 있도록 돕는다.

## 《아날로그로 살아보기》

(크리스토프 코흐 지음, 김정민 옮김, 율리시즈)

모두 독일의 기자인 저자가 인터넷도 스마트폰도 모두 끊는 도전을 담은 책. 아날로그로 살아갈 때 생활의 변화와 장단점을 살펴보면서, 삶을 살아가는 데 진정 필요한 것이 무엇인지를 생각해 보게 한다.

Q

아이가 우리나라만 아니라 해외에도 관심이 많아요. 어떤 책으로 세상을 보는 눈을 넓혀줄 수 있을까요?

## 소년여행자

(임하영 지음, 천년의상상)

아이 어릴 때부터 읽었던 책이 인생의 길잡이가 되었다는 열여덟 살 학교 밖 청소년이 바이올린 하나를 들고 홀로 떠난 유럽 여행기. 어려움을 헤치고 씩씩하게 여행하면서 길 위에서 만난 사람들이 스승이 되는 이야기를 통해 진정한 배움과 자립에 대해 생각해보게 한다.

---

## 《로드스꼴라, 남미에서 배우다 놀다 연대하다》

(로드스꼴라 지음, 세상의모든길들)

아이 여행 대안학교 로드스꼴라의 교사와 학생이 함께 남미를 여행한 기록을 담은 책이다. 남미의 역사, 정치, 경제, 문학까지 깊이 있게 들여다보는 여행을 통해 내면이 성장해나가는 청소년들의 모습을 볼 수 있다. 해외여행을 통해 얻을 수 있는 값진 경험들과 삶의 모습을 간접적으로 체험해볼 수 있다.

### 《다영이의 이슬람 여행》

(정다영 지음, 창비)

아이 강릉에 사는 여고생이 쓴 이슬람 지역 여행기로, 여행 에피소드만 아니라 10대의 눈으로 바라본 이스라엘과 팔레스타인 문제 등에 대한 의견도 설득력 있게 풀어낸 책이다. 이슬람의 종교와 문화, 국제 상황에 대한 객관적 시각을 얻을 수 있다.

### 《나는 세계 일주로 경제를 배웠다》

(코너 우드먼 지음, 홍선영 옮김, 갤리온)

부모 런던 금융가 사무실에서 일했던 5년보다 직접 세계를 돌아다니며 돈을 벌었던 여섯 달 동안 더 많은 도전, 더 많은 성공과 실패, 그리고 더 많은 삶을 만난 이야기를 들려준다. 아이들보다는 부모들이 읽고 아이들에게 조언해줄 때 도움이 된다.

### 《세상이 학교다, 여행이 공부다》

(박임순 지음, 북노마드)

부모 22년간 몸담은 교사직을 그만둔 부부와 세 자녀가 545일에 걸쳐 여행했던 세계 일주 이야기를 담은 책으로, 아이들은 여행을 통해 자신이 좋아하는 것을 찾아간다. 부모들에겐 진정한 교육이란 무엇인지, 무엇이 우리 아이를 행복하고 건강하게 키우는 방법인지를 생각해보게 한다.

## 《우물 밖 여고생》

(슬구 지음, 푸른향기)

모두 아르바이트를 해서 번 돈으로 혼자 여행도 다니고 예쁜 사진도 찍는 여고생의 발랄한 이야기로, 학교와 학원이라는 우물 안 개구리로만 살아가는 청소년들에게 우물을 벗어날 작은 용기를 갖게 하는 책이다. 아이를 보호만 하려고 하는 부모에게도 정서적 독립에 대해 생각해보는 기회가 될 것이다.

## 《파밍보이즈》

(유지황 지음, 남해의봄날)

모두 호주부터 인도네시아, 태국, 이탈리아, 프랑스, 네덜란드 등 세계 곳곳의 농장과 생태공동체에서 농업으로 희망을 찾는 사람들을 만난 농업 세계일주 여행기다. 다큐멘터리 영화로도 제작되었으며, 세상을 보는 시각을 넓혀줄 것이다.

## 《가슴 뛰는 삶의 이력서로 다시 써라!》

(요안나 슈테판스카 외 지음, 김요한 옮김, 바다출판사)

모두 미련 없이 직장을 그만두고 전 세계를 1년 동안 돌아다니며 자신들이 롤모델로 꼽았던 사람들을 만난 이야기를 들려준다. 현재에 머무르기보다는 더 큰 세상을 여행하면서 자신의 세계가 더 넓어질 수 있음을 깨닫게 하는 책이다.

Q

학교에서 정해놓은 시간을 채우기 위해 형식적으로 봉사 활동을 하는 것 같아요. 봉사 활동을 좀 더 의미 있게 할 수 있도록 도와주는 책은 없을까요?

### 《교과서에 나오지 않는 착한 생각들》

(공규택 · 김승원 지음, 우리학교)

아이 평범한 시골 아낙에서부터 유명인에 이르기까지 '착한 생각'을 가지고 세상을 변화시킨 21명의 인물 이야기를 담은 책이다. 좋은 세상을 만드는 데 보탬이 되기 위해선 봉사 활동도 어떤 마음가짐으로 해야 할지 생각하게 하며, 멘토들의 인생 경험을 통해 값진 인생 교훈을 얻을 수도 있다.

### 《자원봉사도 고민이 필요해》

(다나카 유 지음, 김영애 옮김, 돌베개)

아이 다양한 NGO 활동에 참여했던 저자가 자신의 경험을 바탕으로 쉽고 재미있게 자원봉사의 이모저모를 이야기한다. 자원봉사란 일회적으로 하는 게 아니라 일상 속에서 즐겁게 실천하는 것임을 깨닫게 한다.

### 《세상에서 가장 이기적인 봉사여행》

(손보미 지음, 쌤앤파커스)

모두 '5년간 봉사여행을 통해 성장한 꿈의 기록'이라는 부제처럼, '봉사여행'을 통해 많은 것을 얻게 된 경험담을 들려준다. 봉사를 통해 어떻게 나누고 꿈을 향해 성장해나갈지를 돌아보게 하며, 세상을 보는 넓은 시각까지 가질 수 있게 한다.

### 《살아있는 것도 나눔이다》

(전성실 지음, 착한책가게)

모두 주는 것만이 아니라 주고받는 것, 심지어 우리가 존재하는 것만으로도 이미 나눔이라는 점을 일깨우면서 나눔에 대한 생각을 넓혀주고, 일상에서 나눔을 실천할 수 있는 방법을 찾게 한다. 단지 봉사 시간을 채우는 것보다 마음을 채우는 것이 중요하다는 것을 알려준다.

### 《국경 없는 과학기술자들》

(이경선 지음, 뜨인돌)

모두 소외 계층의 생활 속 문제들을 해결하고 돕는 적정기술 활동을 물, 에너지, 주거, 교육 등의 사례를 통해 소개하는 책이다. 적정기술의 나눔 사례를 보면서 각자의 자리에서 더 좋은 세상을 만들기 위해 나누고 실천할 수 있는 일을 생각해보게 한다.

Q

**우리 아이가 올바른 역사의식과 사회의식을 가진 어른으로 자랐으면 좋겠어요. 객관적인 시각과 세상을 보는 바른 눈을 키우는 데 도움이 되는 책이 있을까요?**

**《소년소녀, 정치하라!》**

(심상정 외 지음, 우리학교)

아이 미래 민주사회의 구성원이자 올바른 정치적 주체로 살아가는 데 도움이 될 만한 책이다. 정치인, PD, 시인, 영화감독 등 다양한 직업군의 사람들이 자신이 청소년기에 겪었던 정치 경험을 들려준다. 아이들이 다양한 정치 이슈에 대해 생각해볼 기회가 될 것이다.

**《빼앗긴 내일》**

(즐라타 필리포빅 지음, 정미영 옮김, 한겨레아이들)

아이 제1, 2차 세계대전, 베트남 전쟁, 이라크 전쟁 등을 겪은 8명의 아이들이 쓴 전쟁 일기집이다. 일기의 배경이 되는 역사를 객관적으로 이해할 수 있도록 당시 국제 정세와 지은이가 처한 상황을 정리했다. 이 책을 통해 평화로운 현재에 감사하고 더 나은 미래를 살아갈 이유를 깨달을 수 있다.

## 《이원복 교수의 세상만사 유럽만사》

(이원복 지음, 김영사)

아이 전쟁, 경제난, 독재 정치, 외세 침략 등의 위기를 극복하는 유럽 역사를 만화로 재미있게 풀어낸 책이다. 국민의 단결, 정치 의식의 성장이 중요함을 깨달을 수 있다. 만화로 되어 있어 책을 읽기 싫어하는 아이도 재미있게 읽을 수 있다.

## 《국가란 무엇인가》

(유시민 지음, 돌베개)

모두 '국가'가 무엇인지, '국가'를 어떻게 바라보는지에 대한 여러 가지 입장이 있다는 것과 국가에 대한 이해와 관심이 얼마나 중요한지에 대해 이야기하고 있다. 부모와 아이가 함께 읽고 현재 정치와 사회 현실에 대한 대화를 나누기에 좋다.

## 《그러니까 이게, 사회라고요?》

(박민영 지음, 북트리거)

모두 학벌, 방송, 게임, 광고, 돈, 가난, 군대, 전쟁, 노인 문제 등 우리 사회의 면면을 들여다보면서 흥미로운 질문들을 끄집어내고, 설득력 있는 답변을 하고 있는 책이다. 이 책의 질문들이 청소년들이 꿈꾸는 사회의 바람직한 방향을 찾아가는 데 의미 있는 생각거리가 될 수 있을 것이다.

**《청소년을 위한 나는 말랄라》**

(말랄라 유사프자이 · 퍼트리샤 매코믹 지음, 박찬원 옮김, 문학동네)

모두 최연소 노벨평화상 수상자인 말랄라의 또렷한 음성을 담은 책. 파키스탄의 한 소녀가 탈레반에 맞서 자신의 신념에 따라 교육 운동을 전개해온 이야기를 담고 있다. 세계 곳곳의 불합리하고 불평등한 환경 속에서 살아가는 이들에게 관심을 가지게 한다.

**《죽은 경제학자의 이상한 돈과 어린 세 자매》**

(추정경 지음, 돌베개)

모두 부모를 잃은 어린 세 자매가 대안 공동체의 도움으로 위기를 극복하고 희망을 찾아가는 이야기를 담은 소설. 금융자본주의의 폐해를 비판적인 관점으로 그리고 있으며, 돈에 지배당하지 않고 사람이 우선인 사회를 꿈꾸게 한다.

**《체 게바라와 여행하는 법》**

(신승철 · 이윤경 지음, 사계절)

모두 '소수자 되기'의 철학을 고등학생 주인공과 이주노동자 아저씨가 함께 여행하는 이야기 형식으로 풀어낸 지식소설. 이주민, 노숙인, 여성, 어린이, 동물, 장애인 등 우리 사회의 소수자들 입장이 되어 세상을 다시 바라보면서 더욱 조화롭게 공존하는 방법을 생각해보게 한다.

# 잔소리 대신
# 책으로 토닥토닥

지은이 | 류한경 홍선영

1판 1쇄 발행일 2018년 8월 24일

발행인 | 김학원
편집주간 | 김민기 황서현
기획 | 문성환 박상경 임은선 김보희 최윤영 전두현 최인영 이보람 정민애 이문경 임재희 이효온
디자인 | 김태형 유주현 구현석 박인규 한예슬
마케팅 | 이한주 김창규 김한밀 윤민영 김규빈 송희진
저자·독자서비스 | 조다영 윤경희 이현주 이령은(humanist@humanistbooks.com)
용지 | 화인페이퍼
인쇄 | 청아문화사
제본 | 정민문화사

발행처 | (주)휴머니스트 출판그룹
출판등록 | 제313-2007-000007호(2007년 1월 5일)
주소 | (03991) 서울시 마포구 동교로23길 76(연남동)
전화 | 02-335-4422 팩스 | 02-334-3427
홈페이지 | www.humanistbooks.com


ISBN 979-11-6080-156-9 03370

• 이 도서의 국립중앙도서관 출판예정도서목록(CIP)은 서지정보유통지원시스템 홈페이지(http://seoji.nl.go.kr)와 국가자료공동목록시스템(http://www.nl.go.kr/kolisnet)에서 이용하실 수 있습니다.(CIP제어번호: CIP2018024915)

만든 사람들

편집주간 | 황서현
기획 | 문성환(msh2001@humanistbooks.com)
디자인 | 유주현